本成果为2020年度教育部人文社会科学研究一般项目（批准号：20YJA752004）研究成果
本成果为2021年度辽宁省社会科学规划基金项目（批准号：L21BYY012）研究成果
本成果受国家级一流专业（德语）建设点经费支持
本成果受大连外国语大学学科带头人资助经费支持

翻译文化视域下
《庄子》在德国的译介研究

付天海 著

中国戏剧出版社
CHINA THEATER PRESS

图书在版编目（CIP）数据

翻译文化视域下《庄子》在德国的译介研究 / 付天海著 . -- 北京：中国戏剧出版社，2023.12
ISBN 978-7-104-05388-0

Ⅰ.①翻… Ⅱ.①付… Ⅲ.①《庄子》—德语—翻译—研究 Ⅳ.① B223.5 ② H335.9

中国国家版本馆 CIP 数据核字（2023）第 146570 号

翻译文化视域下《庄子》在德国的译介研究

责任编辑：曹　静
责任印制：冯志强

出版发行	中国戏剧出版社
出 版 人	樊国宾
社　　址	北京市西城区天宁寺前街 2 号国家音乐产业基地 L 座
邮　　编	100055
网　　址	www.theatrebook.cn
电　　话	010-63385980（总编室）　010-63381560（发行部）
传　　真	010-63381560

读者服务：010-63381560
邮购地址：北京市西城区天宁寺前街 2 号国家音乐产业基地 L 座

印　　刷	北京九州迅驰传媒文化有限公司
开　　本	787mm×1092mm　1/16
印　　张	11.5
字　　数	150 千
版　　次	2023 年 12 月　北京第 1 版第 1 次印刷
书　　号	ISBN 978-7-104-05388-0
定　　价	68.00 元

版权专有，违者必究；如有质量问题，请与出版社联系调换。

前　言

　　翻译是有着明确目的导向的文化信息转换行为。语言和语外知识不是彼此独立的存在现象，仅凭语言也不足以描述复杂的翻译过程。翻译行为的成功与否不能仅凭对原文和译文的分析比较来判断，而是要受不同的社会、文化、机构和个体条件的制约。文化概念使译者拥有更多的对于源语文本的理解和阐释空间，也引发了翻译学科的重新定位。翻译学的文化转向是指翻译研究脱离以语言学为主导学科的研究范式的转变，聚焦更为广阔的文化维度，向语言学、交际学、认知学、社会学、文学和文化人类学的跨学科方向发展。翻译是文化的一部分，在翻译研究中引入翻译文化的概念，可以从历时性和共时性关联中考察翻译目的、翻译策略和翻译接受。翻译文化吸收来自跨学科领域的术语体系，旨在建立一种动态的描写和解释模式，以期重构并客观评价译文的生成和传播过程。翻译文化的研究对象不是静态概念，它涉及文化、社会和历史空间，是作者和译者之间传送文化文本的一种特殊的创造性过程。翻译过程发生在具有文化异质性的源语文化和目的语文化之间，译者应以文化差异为出发点，通过翻译主体行为深度阐释源语文化内涵，把握译文的历史、文化和美学变迁，结合语用标准、语境关联、翻译目的和受众理解，做出最佳译者决策，切实有效地解决翻译问题。

本书旨在从翻译文化视角对道家典籍《庄子》在德译介进行研究。本书第一章对翻译文化的理念与方法做了系统性阐述。从对文化与翻译的定位出发，提出翻译是对文化的动态理解模式，是跨文化交际过程中的文化建构和文化接受。翻译的文化转向使得译学研究以跨学科的方式获得全面均衡的发展，文化及其基于语言的所有表现形式日益成为翻译研究的重要因素。笔者认为，"翻译文化"要比"文化翻译"的表述更具有多维性和包容性。翻译文化包含三大要素，即翻译实践中具体的翻译策略讨论，社会文化对翻译活动的描写和解释，社会文化对翻译理论形成和发展的影响。翻译文化视角下的译者主体性，表现在译者的价值观与作者的创作主旨和读者的预期视域之间的互动协调过程。翻译文化视角下的翻译行为是理解原文和生成译文的多阶段决策过程，翻译过程中的任何决策都是在文化框架下进行的。在将源语文本的文化异质性迁移至目的语文本时，译者往往面临归化翻译和异化翻译的选择。译者须综合考量文本类型、翻译情境、翻译目的和受众预期，但无论是直译还是意译，重要的是译者要深刻意识到两种文化的异同。典籍外译对中华文化海外传播与接受有着深远的意义。道家经典通过翻译活动传播到海外，这一活动不仅是对特定文本的翻译，也是对价值观念和文化系统的译介。中国文化典籍的多译本现象十分常见，多译本现象既是了解原作的出发点，也为从不同视角解读原作提供了契机。通过翻译对原作的再现，实际上也是原作生命力在新的社会文化语境下的不断延展。对于翻译研究而言，翻译文化史是一个十分必要的角度，可以由此出发来探讨翻译产生、作品复译、有效传播和文化影响等具体问题。

本书第二章对道家思想在西方尤其在德国的翻译文化史做了整体性梳理。笔者认为，西方传播和接受道家思想历经了从以基督教神学为主导的知识模式到以多元化为主导的消费模式的转变。20世纪上半叶，人们对以老庄思想为代表的东方宗教和神秘主义产生了浓厚的兴趣，《道德经》和《庄子》的寓意式说教和神秘主义色彩特别适合读者的多角度解读，利于受众借助他者视域审视自我文化。到了20世纪下半叶，美国"垮掉的一代"、德国青年运动、西方新时代运动促使"道家热"从70年代起回潮，在保留了传统的对道家文本的阐释和译介之外，人们对道家的兴趣点日益发散，道家思想的传播进入了多元化的大众产品时代。总而言之，道家在西方的接受与时代的意识形态、价值观念和文化反思息息相关。道家思想的玄妙奥义表现在文本的开放性和歧义性上，它所阐发的生活智慧和人生哲理往往使人产生亲缘性，也构成了道家成为西方替代性宗教和替代性哲学的重要基础。

本书第三章概述了《庄子》的思想风格和文体风格，梳理了《庄子》在德国的译本情况及其主要特点，并着重对《庄子》多译本现象进行了翻译个案研究。道家典籍《庄子》在德语区的翻译、传播与接受具有自身鲜明的特色。《庄子》在德语世界的最初译介可追溯到19世纪末，其翻译和传播活动一直持续到21世纪。案例研究对象是在德语地区接受度较高、代表了庄子百余年译介历程的六个译本，即布伯、卫礼贤、舒马赫、顾彬、卡林科和奥曼的译本。作者尝试从翻译文化的视角，对上述译本的翻译目的、生成语境、选篇结构、翻译策略、译者评述和传播效果等方面进行分析评价。

同时，本书在第四章以庄子的著名寓言"庄周梦蝶"为例，从通假字的翻译、叠词的处理、叙述主体的选择和哲学概念的解读等方面对比分析了六篇德语译文的共性与差异，凸显了译者的翻译立场和翻译决策。

翻译是跨文化的主要手段和文化信息的载体，翻译不仅增进了具有不同文化背景的人群之间的相互了解，也可以更好地观照理解他者文化，更新和丰富自我文化。翻译文化视角下的典籍译介研究不仅可以从宏观方面勾勒出中国文化经典在海外的翻译思想轨迹，也可以从微观层面系统探讨典籍文本的翻译实践和翻译策略，描述中外文化交流的协调互动，总结典籍外译的成败得失，为中国文化的对外传播提供现实参考和有益借鉴。

目录

前　言 /001

第一章　翻译文化：观念与方法 /1
　　第一节　文化与翻译的关系定位 /1
　　第二节　翻译研究的文化转向 /6
　　第三节　文化翻译与翻译文化 /14
　　第四节　翻译文化视角下的主体性因素 /18
　　第五节　翻译过程中的理解与决策 /26
　　第六节　翻译文化视角下的归化与异化 /33
　　第七节　翻译文化视角下的典籍外译 /41

第二章　道家思想在西方接受史述 /48
　　第一节　16世纪末—19世纪初 /48
　　第二节　19世纪初—20世纪初 /53
　　第三节　两次世界大战之间 /59
　　第四节　"二战"以后到当代 /67
　　第五节　道家典籍出版动态 /70

第三章 《庄子》在德国的译介之路 /76

  第一节 《庄子》及其德译本概述 /76

  第二节 马丁·布伯的《庄子》译介 /84

  第三节 卫礼贤的《庄子》译介 /101

  第四节 斯蒂芬·舒马赫的《庄子》译介 /114

  第五节 顾彬的《庄子》译介 /124

  第六节 维克托·卡林科的《庄子》译介 /136

  第七节 奥利弗·奥曼的《庄子》译介 /145

第四章 "庄周梦蝶"六译本对比分析 /153

结束语 /163

主要参考文献 /167

第一章　翻译文化：观念与方法

第一节　文化与翻译的关系定位

　　文化是一个包罗万象且复杂棘手的概念。给文化下定义看似简单，但又因其宽泛的内涵而难以精确把握。一般意义而言，文化包括所有描写艺术和造型艺术领域的杰出成就，也就是说在一定程度上文化就等同于艺术。人文科学从两种不同的视角出发区分文化概念。其一是从社会学理论出发，将文化与社会制度、社会变迁和社会身份相关联；其二是从行为及交际理论出发，认为文化着眼于人们的潜在预期，以认知图式的形式向其提供行为指南。基于认知人类学原理的文化概念在早期翻译学研究中占有举足轻重的地位，翻译的文化人类学导向皆以爱德华·泰勒（Edward Tylor）早在1871年所下的文化定义为出发点："文化或文明，究其广泛的民族学意义来说，是包括全部的知识、信仰、艺术、道德、法律、风俗以及作为社会成员的人所掌握和接受的任何其他的才能和习惯的复合体。"[①] 泰勒的文化定义包括了文化的基本要素，折射出基于共同知识的集体行为标准。泰氏的定义为文化人类学的进一步研究指明了一条重要认识，那就是原始文明与高度文明之间在文化的作用方式

---

① ［英］爱德华·泰勒：《原始文化》，连树声译，广西师范大学出版社2005年版，第1页。

上不存在根本差异，知识、艺术、道德和宗教等价值观对于所有的文化而言都具有同等适用性。美国文化人类学家古迪纳夫（W. Goodenough）也提出了与翻译相关的文化概念。不同于泰勒，古迪纳夫并未对文化的具体要素进行区分，而是从认知角度出发，把文化直接等同于学习过程的产物即知识，认为文化就是社会行为人必须掌握的所有知识。在古迪纳夫看来，文化描述的是文化成员的认知世界，它通过知识总合使符合规则和能为文化所接受的行为成为可能。这样一来，他又将文化与能力等量齐观。与此相类似，语言作为文化的一个方面是由涉及人的交际能力的所有知识组成的。[1] 长期以来，文化人类学学者视翻译为文本实践活动，习惯于把"翻译"作为比喻来描述人种学解释和跨文化比较的过程。

德国社会学家和译论家海因茨·格林（Heinz Göhring）认为行为人能自行决定，自己的行为是符合文化预期还是与文化预期相悖，他对于世界的认知被明显打上了文化的烙印，受文化及其时空条件的制约，也就是说个体的经验、体会和文化前知识在很大程度上决定了他对世界的感知程度和感知效果。文化以其隐含的行为模式影响社会成员的具体行为，是调控人的行为的规则总和，但在面对他者文化时，熟悉的文化会失去应有的指导作用，这就可能在个体的意识层面引发文化冲击。[2] 格林的观点对译学研究而言意义重大，因为译者本身作为个体行为人必然受特定社会文化语境的熏染，若要成功实施翻译行为，译者就须拥有足够的文化能力，须以文化人类学家的好奇、敏感和视角去接近他者文

---

[1] 转引自 Terje Loogus: *Kultur im Spannungsfeld translatorischer Entscheidungen. Probleme und Konflikte*. Berlin 2008, S. 35-36.

[2] Heinz Göhring: Interkulturelle Kommunikation. Anregungen für Sprach- und Kulturmittler. In: Andreas F. Kelletat und Holger Siever (Hg.): *Studien zur Translation, Bd.13*. Tübingen 2002, S. 118-122.

化。格林的文化概念在德语翻译学界被广泛引用,持续影响了众多译论家如汉斯·弗米尔(Hans J. Vermeer)、霍尔兹-曼塔利(Justa Holz-Manttari)、克里斯蒂安·诺德(Christiane Nord)、斯奈尔-霍恩比(Mary Snell-Hornby)等人对文化的理解。

弗米尔关注人的行为本身对所处社会文化的动态适应问题,即如何在个体差异的情况下融入当下的社会文化。弗米尔认为,译者应当使自己适应他者文化,因为这是从事翻译活动的必要前提。译者虽然立足于本族文化,但也要通晓其他文化,具有双元或者多元文化能力。"文化既是一个社会所有行为标准及行为规约的集合,又是由受标准和规约决定的所有行为方式的结果。"[①] 弗米尔把文化理解为是由人所创造的一种开放式结构,并进而区分了文化的三个结构层面:社会整体文化、社会局部文化和个体文化。通过这一结构化的文化概念弗米尔想说明的是,文化并不是一个同质范畴,不同的世界观和行为模式在一个文化形态下往往并存。总的说来,弗米尔的文化定义适于描述翻译过程的文化制约性,对解决翻译问题尤其是文化专有项的翻译策略具有一定的启发性。

克里斯蒂安·诺德也是行为导向性文化概念的代表人物,她认为格林和弗米尔的文化定义并未涵盖翻译学对文化的全部理解范围。除标准和规约外,诺德在文化架构中还想突出"人"这一要素:"文化是指某一社团或人群,其行为以共同的标准、规约和价值评判为参照,并由此与其他社团或人群的行为方式相区分。"[②] 文化之于诺德首先意味着文化社团,它由共同的标准、规约和观点建构而成,由它们调节社团成员的语言和非语言行为。诺德认为文化社团是灵活的文化区域而非固定单位,它并不一定与地缘、语言或者国别单位相吻合,因此区分文化的关

[①] Hans J. Vermeer: *Skopos und Translationsauftrag*. Heidelberg 1989, S. 36.
[②] Christiane Nord: Übersetzen–Spagat zwischen den Kulturen? In: *TexTconTexT 11 = NF1*. 1997, S. 152.

键在于不同群体或者群体成员的行为差异。社团成员的行为方式越符合标准和规约，其交际行为获得成功的概率就越大。因此，了解参与翻译过程的两种文化的异同，并在翻译过程中视其重要性进行取舍，这对于译者来说至关重要，因为译者正是从对文化差异的分析中最终导出自己的翻译决策的。

除了指涉知识和行为的文化概念，美国文化人类学家克利福德·格尔茨（Clifford Geertz）还将符号学文化概念引入译学研究。格尔茨把文化理解为一种既能解释意义又能自我建构意义的符号和象征系统。人的行为在格尔茨看来是一种象征性的社会行为，不同文化形式正是在这样的框架下被表达出来的。文化是一张自我编织的意义之网，文化研究就是对意义的分析和阐释。格尔茨认为对文化的理解是通过"深度描写"实现的，以此深入掌握某一文化独特的意义结构。格尔茨的符号学文化概念对翻译研究的重要意义不言而喻。深度描写契合了译者兼顾文本内外要素的文化转换行为，通过深度描写译者能够揭示源语文本的深层意义，能够对源语文化进行深度阐释和重新编码。在此基础上，美国翻译理论家奎姆·阿皮尔（Kvame Anthony Appiah）还提出了"深度翻译"的概念。有的译者为了尽可能加深目的语读者对文化信息的理解，往往通过各种注释、评注、评析性前言或后记来对源语文本所蕴含的深厚文化信息进行补充，这种学术翻译即深度翻译在《庄子》德译本中也可看到。深度翻译强调意图的重要性、深度语境化和文化差异意识，最大限度地阐释性重构源语文化信息，为翻译文化的理论研究和实践活动提出了新的思路。

关联人类学、文学、阐释学和符号学，把文化理解为一系列文本的集合并分析这些文本的跨文化相似性，这一文化概念在文学翻译领域具有广泛的影响。文化不仅是融合了规范、信仰、集体观念和社会实践的统一结构，同时也是体现为仪式、戏剧、姿态、节日等元素的文本形式。文本是文化表达和文化编码的载体,在文化好比文本这一隐喻视角下人们可以更好地了解一个社会的自我描述维度。当然,构成文化内涵的社会行为、事件和情境并非等同于文本,而是把它们视作文本并相应加以解读。德国文化理论家多丽丝·巴赫曼-梅迪克(Doris Bachmann-Medick)认为:"社会行为总是被转化成符号文本,这样人们才能赋予其一种意义。"[1] 把文化比作文本这一构想为文化学研究和文学阐释开启了一个新的视角,这样一来,文化就类似于文本,人们可以对其进行不同的解读,同时文本的异质性也反映了文化内部差异性的话语体系。对于翻译者而言,他在动笔开译之前须首先着眼于制约语言翻译的文化框架。作为传播他者文化知识的人类学手段,翻译的功能在于汇聚不同的社会话语以生成可被理解的意义。简而言之,在文化符号学视域下翻译就是对文化意义的阐释和传达。

中国学者刘宓庆从文化本体论的角度论述文化与翻译的关系。文化的本体论特征是民族性、传承性、流变性和兼容性。文化的民族性使得文化具有异质性和排他性,这是影响翻译活动的不利因素。文化的传承性使得文化具有延续性和相对稳定性,这是我们在语义解码和文本解读中的重要线索。文化的流变性说明文化处在不断发展和变化的态势中,这也解释了很多古籍文本在今天我们难以解读的原因。文化的兼容性说明不同文化形态之间具有相互渗透、相互兼容、相互影响及相互促进从而达到相济相调、相得益彰的积极结果。文化的兼容性对于翻译的意义是不言而喻的,由此才会产生文化的翻译与传播。[2] 中国香港学者孙艺风从文化全球化的角度揭示文化与翻译的关系。无论是文化层面的对话还是对抗,在全球化的语境下,翻译势必扩大到文化领域,成为文化的

---

[1] Doris Bachmann-Medick: *Cultural Turns. Neuorientierungen in den Kulturwissenschaften.* Hamburg 2006, S. 72.
[2] 刘宓庆:《文化翻译论纲》,中译出版社 2019 年版,第 14—20 页。

信息载体。通过文化的交往和对话，能够获取丰富的异域文化意义。文化对话充满了张力，其中不能不涉及政治性因素，包括文化价值、身份认同、文化属性等。翻译作为跨文化交流的主要手段，很难想象可以游离在外，不受复杂文化政治的影响和约束。翻译研究的文化转向，决定了人们关注的焦点转移到文化翻译的性质、过程、规律等相关方面，可以更好地揭示文化与翻译之间的密切关系。[①]

翻译已日渐成为文化研究的实践场所和重要隐喻，将文化作为翻译的构想是对文化的动态理解模式，该模式更加注重跨文化交际中的协调过程和文化的传送语境，它强调文化建构和文化接受过程中的合作性而非对抗性。从这种模式出发，翻译不仅是从常规意义上讲的意义迁移，而且也被理解为是跨越文化界限的互动行为，是自我与他者的不断交织。翻译活动是一个复杂的综合体系，文化的多重维度在这一复杂过程中发挥了重要的作用。翻译涉及彼此差异的文化形态和文化内涵，也往往通过借用他者社会文化的核心概念，为自身文化现实的走势指明方向，以此促进对本土文化的更好理解。翻译在传播他者文化知识之余，也推动了民族文化的丰富和更新。

第二节 翻译研究的文化转向

翻译是不同文化间的信息传递行为，它有着明确的目的导向，是文化冲突意识的决策过程。文化概念使译者拥有更多的对于源语文本的理解和解释空间，也引发了译学对自己的重新定位，并将翻译学家分为两大阵营：文化既导致了某些人的反感和抵触，又成为其他人眼中的救世主。以语言学为导向的研究者将文化看作译学领域一种暂时的新趋势，

[①] 孙艺风：《文化翻译》，北京大学出版社2016年版，第45页。

主张维护语言学在译学研究中的主导地位。相反，基于文化学的学者则认为，翻译过程主要是不同社会文化语境的对话与碰撞，要求翻译策略应明确从文化差异出发。可以说，这两种观点在短期内很难调和。

聚焦文化一方面凸显了由"文化转向"催生的翻译学研究新范式，另一方面也使文化成为翻译过程中的文化专有项和文化差异的代名词。前者推动了译学的进一步发展，为翻译跨学科研究的可能性和必要性提供了佐证；后者指向了译者的决策过程，将"文化"具象为文化负载词、受文化制约的文本内涵和具有文化特征的翻译规约。将译者决策视为认知信息加工过程，就可使翻译问题脱离单纯的翻译方法讨论模式，赋予其更广阔的文化维度。译者决策冲突的根源在于他者文化，翻译就是要在目的语文本中保持自我与他者的协调一致，这就决定了译者决策势必是一个充满了各种潜在冲突的过程。

翻译学的文化转向是指脱离以语言学为主导学科的研究范式转变。但这并非说语言学无法再解决不断出现的新的翻译问题，因此要将之取代，而是"强调研究导向和重心的偏移以及聚焦新的研究视界，以此翻译学能够使自己具有跨学科对接能力"[①]。通过重新聚焦文化学，文化及其所有表现形式进入了翻译学的研究领域。如果说语言学仍在很大程度上把翻译看作是一种语码转换过程，文化视域下的翻译学则视翻译为不同文化间的转换过程。

翻译学是在20世纪五六十年代作为应用语言学的分支学科发展起来的，之后多年译学研究始终关注"等值"和"恒定"这两个关键词。20世纪70年代在人文科学领域产生了一系列新的研究成果，受跨文化交际和文化研究等新研究方向的影响，人文科学研究开始更多地关注文化问题和文化符号的内涵意义。可以说，跨文化交际研究和文化研究是

---

① Doris Bachmann-Medick: 2006, S. 17.

促使人文科学文化转向的动因之一。文化学领域的新导向和新范式让跨学科合作走到了理论前沿，使得翻译研究能够跨越语言学的藩篱，向跨学科的方向发展。

翻译学科走向独立一定程度上也要归因于语言学自身的发展。在20世纪70年代的语用学转向之前，语言学研究主要依循结构主义方法，把语言描述为超越个体和静态层面上的符号系统。语用学转向使语言学将研究兴趣转向具体情境下的话语，开始考虑语言表述的功能和行为维度。这种转向的影响力也逐渐渗透到翻译研究领域，使得语言和语外知识不再被视为两种彼此独立存在的现象。研究者越来越清楚语外知识之于翻译的重要性，认识到仅凭语言学方法不足以描述复杂的翻译过程。除语言学要素之外，交际学、心理学、社会学、文学和文化人类学等问题也得到了译学研究的关注，自此翻译研究的跨学科特征变得越发明显。

美国语言学家和翻译家尤金·奈达（Eugene A. Nida）是跨学科和跨文化翻译学的先行者之一。早在20世纪60年代他就尝试将文化语境纳入翻译研究的考量范畴。在详细考察了不同语言系统和文化系统间的差异之后，奈达根据自己在语言学田野调查和《圣经》翻译方面的经验指出，文化差异给译者造成的翻译困难要远大于语言结构差异。通过提出"动态等值"概念，他认为在翻译过程中充分考虑目的语受众的文化视域要比单纯模仿源语文化更为重要。奈达的翻译思想促使译学研究的重心越来越多地从源语文本转向目的语受众，这一观点在后来的功能翻译理论中占据了核心地位。捷克学者吉里·列维（Jiří Levý）也于同期强调，翻译是在不同文化间运行的转换过程，它是增进我们进一步了解他者文化的信息来源。同时列维也暗示了译者对文化转换的可能性干预,指出译者能够刻意导致两种文化的亲近或者疏远。①

20世纪70年代在荷兰和比利时兴起了描写翻译研究学派(又称操纵学派),它致力于以文学为导向的译学研究,反对将翻译简化为纯粹的语码转换操作,主张对复杂的翻译现象进行多维度和多视角描写。该学派主要代表人物使翻译根植于目的语文化,强调社会文化框架之于翻译的重要性。20世纪70年代末德国译论家汉斯·弗米尔将文化转向引入翻译研究,在此基础上提出了翻译"目的论"。弗米尔把语言理解为是文化不可分割的一部分,把翻译描述为一种文化转换。翻译理论的文化依托性、翻译是为实现特定目的而进行的文化转换过程,弗米尔的这些翻译思想由德国功能翻译理论和哥廷根文学翻译学派做了进一步发展。

德国文化理论家多丽丝·巴赫曼-梅迪克对于文学翻译研究的贡献具有划时代意义。她主张将文化学方法应用于翻译研究,从人类学研究出发把翻译看作是文化理论的一个核心范畴。巴赫曼-梅迪克明确指出,从一种语言到另一种语言的文学文本翻译,是透过表象的语言转换而进行的更深层次的文化迁移。这样一来,翻译视域就从词句和篇章延展到了话语和社会语境。除了传统意义上的语言和文本转换之外,翻译也包括对思维方式、自我及他者世界观的传送。字词、概念和语句不再是具有固定意义归属的孤立语言单位,而是全面的文化关联、行为方式和思想模式的组成部分。翻译研究的文化转向使得文化迁移、协商、异质性、文化差异和权力等新范畴取代了诸如忠实、等值、对应等原有范畴。这种对于翻译的新的理解赋予翻译更为宽阔的视野,但同时又未隐没翻译的语言和文本维度。②

---

① Jiří Levý: *Die literarische Übersetzung. Theorie einer Kunstgattung.* Frankfurt am Main/Bonn 1969, S. 75.

② Doris Bachmann-Medick: 2006, S. 240.

在英语区率先提出翻译学范式转变的主要是安德烈·勒菲弗尔（Andre Lefevere）和苏珊·巴斯奈特（Susan Bassnett），两人想以此证明译学已经走出了形式主义发展阶段，开始聚焦语境、历史和规约等主题。在推动译学继续发展的同时，他们也着力思考通过引入翻译学问题，将比较文学研究提升到一个新的水平。在他们看来，翻译学和比较文学可以互换角色，从而使比较文学成为翻译学的一个分支学科。这一思想虽然并未引起翻译学家们的普遍共鸣，但却使人们注意到文化学研究"翻译转向"的可能性。与勒菲弗尔和巴斯奈特相类似，兰伯特（Jose Lambert）也主张在人文科学领域开展跨学科研究。他认为向人文科学融入翻译问题，能够使前者更好地理解自己的研究领域。兰伯特强调翻译是文化的一部分，因此将文化维度从译学研究中排除出去是不可能的。尽管没有，也永远不存在理想的译文，但是研究不同的文化参数能够促使更高质量的译文产生。

符号阐释学是当代翻译研究的新范式，符号学尝试"为所有文化现象做出解释"[1]。翻译在众多理论和构想中被分别视为语言现象、交际现象和文化现象。翻译作为语言现象专属语言学范畴，作为交际事件则是语用学、行为理论或者交际理论的研究对象，作为文化现象则指涉文化人类学或文化学学科。翻译是杂糅诸多要素，涵盖几乎所有交际领域和交际形式的复杂行为。对这一行为的描述模式须借助来自不同学科领域的认识架构而成。符号学恰好为所有语言、交际和文化现象提供了一整套思想体系和描写机制。阐释哲学在一定程度上丰富和补充了符号学的研究维度，因为前者所秉持的"阐释的推理模式"[2]同样能够应用于感

---

[1] Umberto Eco: *Einführung in die Semiotik*. München 1972, S. 296.
[2] Uwe Wirth: Zwischen Zeichen und Hypothese: für eine abduktive Wende in der Sprachphilosophie. In: U. Wirth (Hg.): *Die Welt als Zeichen und Hypothese. Perspektiven des semiotischen Pragmatismus von Charles S. Peirce*. Frankfurt 2000, S. 137.

知过程、认识过程、理解过程和交际过程。符号学认为文化从根本上说就是交际,把所有的文化现象都视作符号系统或者交际内涵,翻译在此被描述为"三阶段交互式阐释过程"①,即作者、译者和读者都必须参与翻译阐释过程。作者通过创作源语文本公布了一种阐释,译者生成目的语文本的过程本身就是一种阐释,最后读者对文本的理解又构成另一种阐释。翻译过程须融入交际过程的语境,否则翻译的交际过程是欠缺完整的。换言之,翻译过程发生的时段正是交际过程的前期阶段(创作源语文本)业已结束而后续阶段(目的语文本的接受)尚未开始之时。就使用语言而言,翻译过程发生于符号过程语境;着眼于参与主体,翻译过程发生于交际过程语境;考虑到所指涉的文化,翻译过程就是语境重构过程。交际过程与阐释过程相伴而生,两者又都基于符号过程。"只有从整体论出发的考量才能保证翻译理论的系统性和全面性。"②

从20世纪90年代开始,翻译学和文化学的关系变得日益密切,文化研究成为翻译学新范式,这一点逐渐成为共识。中国翻译研究中的"文化转向"即发生在90年代中后期,当时西方文化学派的著述和观点被大规模地介绍到中国。"这一转向是同时针对传统译论和语言学派译论的,研究对象从语言层面转向文本和文化层面,从内部研究转向外部研究,从语言结构转向文本功能,从微观转向宏观,从规定转向描写和解释。各种现代文艺理论运用到翻译研究领域中,拓宽了翻译研究的视野,为翻译史研究提供了新的视野和思路。"③在对全球化和民族主

---

① Holger Siever: *Kommunikation und Verstehen. Der Fall Jenninger als Beispiel einer semiotischen Kommunikationsanalyse*. Frankfurt 2001, S. 124.

② Dieter Stein: *Theoretische Grundlagen der Übersetzungswissenschaft*. Tübingen 1980, S. 26.

③ 张思永:《论翻译文化研究的三种类型及其文化转向》,《燕山大学学报》,2018年第5期。

义问题的激烈讨论中，跨语言交际的翻译也借此超越了文化人类学的范畴，打开了世界多元文化共存的新视角。翻译成为一种动态文化系统的决定性要素，译者的作用是传递文化内容，翻译不仅增进了具有不同文化背景的人群之间的相互了解，也为更好地理解他者文化奠定了基础。翻译"是游走于不同文化间的空间符号。这种状态提供了文化杂合的先决条件，亦是不同文化间互动互补的表现形式。杂合、内化、改造、重构是文化翻译的必经过程，而文化翻译加强各种文化间的互为参照、互为补充、互为逾越，逐步建立起平等对话的机制，以实现不同文化的多元共存"①。翻译过程主要发生在不同的社会文化语境之间，因此以文化为导向的翻译策略应以文化差异为出发点。"文化翻译最为关注的是文化差异，以及由文化差异产生的误读、误解和误差。"② 翻译是跨文化的主要手段和文化信息的载体，对于文化差异的正确认识有助于处理好文化冲突和促进文化互动，形成世界各民族和谐共存的文化生态。

　　语言本身也要受文化的制约，并成为文化的一部分，语言是分析和描述文化的必要工具和手段。长期以来，翻译学始终被视为语言学的一个分支学科。文化转向使得译学研究的兴趣开始面向迄今被忽视的语外因素，开始重视包括翻译的语用维度、译者的思维过程和翻译的文化制约性在内的诸多文外要素。研究重心的转移致使翻译的纯语言问题退居其次，相反，文化和基于语言的所有表现形式日益成为译学研究的关键要素。今天尽管大多数翻译学家不再否认翻译过程的文化属性，但是依然有不少批评者指出当前翻译研究主体的泛化，认为翻译的文化导向走向了否定翻译学基础体系的极端之路。③ 把外在的因素无限制地夸大，自然就难以形成合理的规范和标准，难以获得语言之间的转换规律，结

---

① 孙艺风：《文化翻译》，北京大学出版社2016年版，第45页。
② 同上。
③ 赵彦春：《翻译学归结论》，上海外语教育出版社2005年版，第2—3页。

果也就难以抓住翻译的本质特征。[①] 也有研究者把翻译学与语言学的疏远看作是一种暂时的新趋势，认为这种趋势"迟早又将走向其反面"[②]。翻译学和语言学仍将由疏离回复亲近，译学研究必将再次经历语言学转向。

  笔者认为，语言学之于翻译学的重要性不应被低估，更不可用文化学取代语言学的角色。语言学和文化学不应在译学研究领域争夺所谓的范式优先权，而应使各自的方法和认识统一协调，以跨学科的方式促进翻译学全面均衡地发展。借用文化学领域知识在文化语境中探求翻译过程，能使译者不再满足于单一的语言转换翻译任务，而是拥有更为宏大的文化视野。同时，语言又构成所有翻译的基础，语言学为翻译的理论和方法研究提供了基础保障。翻译的文化学模式给翻译尤其是文学翻译打开了新的视角，真正使翻译实践和翻译研究做到了"内外兼修"，而翻译的语言学模式则向译者提供了切实有效的问题解决方案和翻译决策依据，能够在最大限度上避免误译的产生。翻译研究不能固守某一单一范式，无论从实践还是从理论层面上看，翻译是涉及方方面面的动态过程。作为复杂的心智活动，翻译不能仅局限于狭隘的语码转换操作，还须考虑生成源语文本和目的语文本的社会文化语境，在这方面文化负载词的翻译就是最好的例证。将不同学科的理论思想和方法范式纳入跨学科研究的框架下，而不是使它们彼此对立，这对于翻译学的发展而言无疑大有裨益。

[①] 曾文雄：《"文化转向"的核心问题与出路》，《外语学刊》，2006年第2期。
[②] Jörn Albrecht: Das Verhältnis von Sprachwissenschaft und Übersetzungsforschung. In: Albrecht, Jörn, Hans-Martin Gauger (Hg.): *Sprachvergleich und Übersetzungsvergleich. Leistung und Grenzen, Unterschiede und Gemeinsamkeiten.* Frankfurt am Main u.a. 2001, S. 7.

第三节　文化翻译与翻译文化

随着全球化时代各国文化交流的日益深入，翻译在增强中华文化的国际影响力，提升国家软实力方面发挥了至关重要的作用。孙艺风认为，翻译的核心特征是跨文化的，文化间交流起到了缔结不同文明体之间对话的纽带作用，丰富了人们的知识和情感生活，因此，翻译的文化属性不容置疑。① 王宁认为，当前全球化语境下的翻译实质上是一种文化传播和文化阐释，是将语言当作文化传播的载体，将语言学的经验研究结合了文化学的人文阐释及翻译文本的个案分析。② 从文化研究的视角来观察和探讨翻译现象，有助于促进世界各民族文化的沟通对话，促进人类社会多元文化的和谐发展。翻译对外代表本族文化，对内代表异域文化，它受到个体偏好、意识形态和权力关系的影响。翻译是具有自我建构功能的转换媒介，是一种活性过滤器，跨文化互动过程中的思想、信息和图景都必须经过它的筛选。巴斯奈特和勒菲弗尔所言的"翻译是一种文化建构"凸显了翻译实践在文化交流中的能动功能。从20世纪70年代以来，翻译研究经历了从原文到译文、从规定性到描写性的转变过程。从强调翻译研究文化取向的"翻译的文化转向"到强调翻译研究跨学科性质的"文化的翻译转向"，翻译文化研究逐渐成为当前译论研究的热点话题。

翻译家王佐良早在20世纪80年代就曾提出："翻译者必须是一个

---

① 孙艺风：《文化翻译》，北京大学出版社2016年版，绪论第2页。
② 王宁：《翻译的文化建构和文化研究的翻译学转向》，《中国翻译》，2005年第6期。

真正意义的文化人。"① 他认为："（翻译）天生是比较的、跨语言的、跨学科的，它必须联系文化、社会、历史来进行，背后有历代翻译家的经验组成的深厚传统，前面有一个活跃而多彩的现实世界在不断变化，但不论任何变化都永远需要翻译，并对翻译提出新的要求，新的课题。"② 根植于宏大的社会文化语境，翻译概念不再局限于以等值和文本为导向的翻译理念，除传统的口笔译之外，它还包括自我在与他者的交往中必须胜任的所有跨文化交际行为。"跨文化并非意味着舍弃相关的文化因子而不顾。文化翻译是意义的杂合场，杂合是全球化的文化效应。杂合导致文化改造，主要指在跨文化交流的过程中发生的文化变化，从一个文化空间到另一个文化空间，源语文化介绍到目标语文化时会产生文化变化。不同文化在互动时，产生文化交融。"③ 这就要求人们对翻译标准和翻译规约有新的认识，同时也要动态审视翻译概念：一方面它应符合当下历史维度，满足利益均衡和文化传送的要求；另一方面它又须在基本形式上与通常的跨文化交际现象相区分。翻译具有意向性、语际性、规约性和传介性。如果说前三项特征也见于其他跨文化互动行为的话，那么交际的传介性则构成翻译真正意义上的区别性特征。传介性特征为不同文化开启了杂合的行为空间，使译者作为社会文化人拥有确定的活动场所。

语言和文化不可分割，语言是文化的载体。如果说翻译是跨语言的活动，那么也意味着翻译是跨文化的活动。因此就广义而言，"凡是具有文化接触和协商性质的翻译行为，都可在宽泛的意义上，称为文化翻

---

① 王佐良：《翻译中的文化比较》，载郭建忠《文化与翻译》，中国对外翻译出版公司2000年版，第2页。
② 王佐良：《新时期的翻译观》，载杨自俭等《翻译新论》，湖北教育出版社1994年版，第290页。
③ 孙艺风：《文化翻译》，北京大学出版社2016年版，第22页。

译"①。文化翻译一直被运用在宽泛的语境下,成为多学科领域钟爱的概念工具。无论是翻译中的文化问题还是文化中的翻译问题,由于文化概念的包容性和翻译本身的学科间性,对于何谓文化翻译或翻译文化长期以来还缺乏统一的认识。"文化翻译"这一术语的高频使用也给翻译研究和实践者造成了一定的困惑。因为不少国内文献中的"文化翻译"是指对原文中特有文化内容或者因素的翻译,这一表述符合汉语的表达习惯,因为其他如"科技翻译""经贸翻译""法律翻译"等都是以内容为标准划分的翻译类型。②很显然,这一狭义理解还局限在翻译活动的语言层面,即文本中文化因素的翻译才是文化翻译。对于文化与翻译的问题我们要用辩证的态度来审视。一方面不能离开语言去谈文化,否则就是无源之水,无本之木;另一方面也要看到文化与翻译的结合极大地拓展了翻译研究的前景。要综合考量文本的内部要素和文本的外部要素,因为翻译活动不仅是纯粹的文化信息转换,以忠实传达作者原意为目的,它还是在特定的历史、政治和社会文化背景下的跨文化交际的产物。因此,笔者认为,与"文化翻译"相比,"翻译文化"这一概念更具有多维性和包容性。

在翻译研究中引入"翻译文化"概念,能够从历时性和共时性的关联中考察译作、翻译审美和翻译过程。在文化和翻译文化框架内评判译文质量,这是翻译文化创造性的一个方面。翻译行为的成功与否不能仅凭对原文和译文的分析比较加以确定,而是要受不同社会、文化、机构和个体条件的制约。如此,翻译学学科的触角延伸至文化、社会和历史空间,探究人类学、社会学、文化学以及翻译理论与实践的结合问题,丰富了译学研究的内涵,给文学、翻译学和文化学带来了新的视角。与

---

① 孙艺风:《文化翻译》,北京大学出版社2016年版,第4页。
② 蔡平:《"文化翻译"的困惑》,《外语教学》,2005年第6期。

不同学科关联的意外收获预示了翻译学丰富其他学科的可能性，翻译文化也可以向其他学科提供翻译学领域的问题设定、方法范式和认识成果。

我国学者杨仕章归纳了译界对于"文化翻译"的四种理解。一是作为翻译策略的文化翻译，它与语言翻译相对立，是一种文化转换和背景信息补充；二是作为翻译内容的文化翻译，是源文语言手段所包含的文化信息、文化意义的翻译。三是作为翻译特性的文化翻译，是文化传播意义上的跨文化转换、沟通和交流。四是作为翻译研究领域的文化翻译，是文化语境和文化系统下翻译对文化的理解和建构。四者之间并不是割裂和封闭的关系，而是呈递进和延展的态势。"作为翻译内容的文化翻译是翻译实践直面的问题，属于直观的、感性的认识；对实践中解决这一问题的方式进行概括并得出作为一种翻译策略的文化翻译乃是理论上的提炼；通过研究广泛存在的文化信息的翻译认识到文化翻译是翻译的普遍特性，这是文化翻译研究对翻译通论中有关翻译性质认识的补充与完善；对文化翻译由感性的实践问题到初步的理论探讨再到形成一种翻译研究视角，最终汇聚成作为一个研究领域的文化翻译。"①

文化翻译的不同维度和相互关系充分说明翻译与文化是一个综合性问题，是一个复杂的动态过程，这也意味着文化翻译在具体的建构和研究过程中会遇到诸多困难。张思永也区分了翻译文化的三种类型。一是翻译实践的文化研究，是翻译实践过程中对文本涉及的文化因素的处理及其转换规律的研究。二是翻译活动的文化研究，是指从社会文化的角度对作为整体的翻译本身所做的研究。三是翻译理论的文化研究，是指从文化社会的角度对已有的翻译理论进行的研究。②上述两位学者论述

---

① 杨仕章：《文化翻译界说》，《外语教学理论与实践》，2016年第1期。
② 张思永：《论翻译文化研究的三种类型及其文化转向》，《燕山大学学报》，2018年第5期。

翻译与文化关系的出发点基本一致，分别从微观与宏观、内部与外部、实践与理论的角度提出了翻译文化的范围与内涵。相比较而言，张思永的划分更为直观简明些。笔者认为，翻译的文化内容、文化行为和文化理论是构成翻译文化研究的三大要素，可视不同研究对象进行专项或者综合研究。翻译文化涉及翻译实践中具体的翻译策略讨论，社会文化对翻译活动的描写和解释，社会文化对翻译理论形成和发展的影响。对翻译过程中的文化现象及其流变的考察是翻译文化的鲜明特征，文化视域下的翻译研究具有跨学科的性质。相应而言，翻译文化是一种方法论，是在实践中通过文化信息的传达进行的对翻译策略的概括和提炼；同时，翻译文化是一种认识论，是对翻译活动本身及其结果的跨文化阐释；最后，翻译文化是一种目的论，最终要形成对翻译学科历史和建设的思考，开阔翻译文化研究的新视野。

第四节　翻译文化视角下的主体性因素

世界经典作品和当代知名作家之所以能够在世界范围内得到认可，首先要归功于译者的跨文化能力和艺术才情。可以毫不夸张地说，莫言成为首位获得诺贝尔文学奖的中国籍作家，除了其作品本身的文学价值，葛浩文（Howard Goldblatt）的成功译介功不可没。典籍外译对中华文化的海外传播与接受有着深远的意义。中国文化典籍的多译本现象十分常见，即围绕同一源语文本可能存在多种不同的、时空间隔较大的译语文本。这种多译本现象既是了解原作的出发点，也为从不同视角解读原作提供了契机。通过翻译对原作的再现，实际上也是原作生命力在新的翻译文化语境下的不断延展。学者廖七一认为，翻译作为复杂的跨文化交际活动，不应被技术化和技艺化。① 翻译的成功与否并不只以原文为参照标准，并不是说只要忠实、系统、完整地译出经典的源语文本，中国文化就会自然而然地受到目的语读者的认可与接受，就会成功地走向世界。翻译的接受过程包括作者、译者和译文读者在内的所有翻译主体参与。在列维看来，翻译的过程就是接受的过程，它包括三次主体转换：第一，原文作者对现实的艺术加工；第二，译者以翻译形式对原文的阐释；第三，读者对目的语文本的具体化处理。② 列维将阐释过程置于翻译活动的中心，这也说明译者的主体性至关重要，因为翻译及接受的过程归根结底就是译者的价值观与作者的创作主旨和读者的预期视域之间互动调和的过程。翻译文化研究的任务之一就是探讨翻译过程中的主体因素特征及其对跨文化传播的影响。在文化转向大背景下，经典作品的话语体系是由多种不同维度共同建构而成的，译者身份和主体性已成为翻译研究的核心和基本问题。

通过文学翻译史我们了解到，有不少杰出的文学家跨越了国别文学的狭小天地，通过艺术性和创造性的翻译工作拓宽了民族文学的视野。作为民族文学和世界文学的沟通者，这样的作家兼翻译家在中外文学史和翻译史上都不乏其人，例如德国的歌德（Johann Wolfgang von Goethe）和席勒（Johann Christoph Friedrich von Schiller），奥地利的里尔克（Rainer Maria Rilke）和汉德克（Peter Handke），俄国的莱蒙托夫（Lermontov）以及中国的巴金、郭沫若、张爱玲等。大多数情况下他们对外国文学作品的翻译都远远超出了简单的翻译范畴，成为对异域作品的艺术性和创造性重构。这也契合了歌德提出的"世界文学"概念，这一具有超越时空意义的概念本身就预设了文学的包罗万象和普遍性特

---

① 廖七一：《文化典籍的外译与接受语境》，《东方翻译》，2012 年第 4 期。
② 转引自：Erich Prunč: *Einführung in die Translationswissenschaft*. Band 1: Orientierungsrahmen. Graz 2001, S. 217.

质。由此看来，理想的译者同时最好兼具作家身份，除了移情能力之外，还应具备内在的作家气质和类似的审美取向。双重作者身份非常适用于在形式结构和思想内涵方面与众不同的作品，译者可以创造性地完成翻译任务。

某些作家兼翻译家的译作在气质上更接近其原创作品而非源语作品，这也是他们从翻译中汲取创作灵感和丰富表达手段的必然结果，他们甚至可能会通过翻译使一些作家及其作品由平庸走向经典。上述情形涉及的实际上是翻译诗学范畴和翻译互文性，这使得作家兼翻译家在翻译过程中也往往面临两难选择：一方面要追随自己的创造力和想象力，另一方面又要对文本的主题意向负责。如果意识不到这种两难处境，作家在翻译时对文学文本的误读也就在所难免，因为原作在作家眼里并不是有待加工的源语文本，而是为其文学想象提供灵感的美学源泉。作家的创造性翻译虽然可以产生精致的文学文本，但这样的译文往往会偏离原文的言说，使原作者的声音被译者的创造性湮没。

经典作品在不同历史时期会产生不同的接受效果，而作者一般都会赋予自己的作品一种着眼于永恒的本体身份，在这两者之间不可避免地存在一种内在张力。如果我们按照胡塞尔的观点，把时间因素理解为哲学、文学和语言现象的统合，那么把这一因素归入翻译文化的范畴也顺理成章。以时间现象作为参照系不难发现，文化符号的意义变迁仅仅局限于翻译作品，而源语文本的文化内涵则具有超越时代范畴的特征。另一方面，借助翻译这种特殊的再创作形式，经典之作才得以跨越不同时代具有持续的现实意义。翻译艺术使源语作品不再受特定时代的束缚，使原作的生命力不断得到延展，为作品提供了走向永恒和不朽的契机。

在马丁·海德格尔（Martin Heidegger）看来，艺术作品首先存在于它所处的时代；其次才存在于不受时代限制的空间，也就是说时间和空间决定了艺术行为的此在和存在。时间因素虽能导致文学作品在接受方面的起起伏伏，但"永恒的艺术作品"这一文学现象学维度却始终构成文学史的主旋律。值得注意的是，翻译文学在现象学所说的永恒文学中占有相当比重，可是从本体论视角来看，翻译文学仅仅是从属于原文作品的次级存在。文学史上不乏这样的例子，即译作在艺术性和接受效果上远远胜过原作。这种情况严格说来要归因于偏重某种美学效果的翻译策略和方法，它与文艺作品的现象学维度其实并无多大联系。因此，所谓的比肩源语文本的翻译文学保证了原文作品永恒的接受效果，这种结论还是草率的。纵观翻译文学史，世界经典文学作品总是在经过一段时间后被重新翻译，从而源远流长。以德国市民现实主义作家特奥尔多·施笃姆（Theodor Storm）为例，其代表作《茵梦湖》自1916年在中国首译以来，迄今已有近50个不同的汉译本，其中巴金和杨武能等人的译本更是被公认为难以逾越的上乘译作。译作不断推陈出新也从另一侧面说明了译作随着岁月的蹉跎而变得老迈，失去了应有的时代感召力，无形中衬托出原作无与伦比的语言表现力、艺术感染力和精神启迪力。这一现象也在一定程度上证实了德里达（Jacques Derrida）的"延异"思想，翻译文本的意义随着时间的流逝而不断消解，呈现出明显的平面化和碎片化倾向，在不同历史时期只能以从属地位而多次出现，但却不会对源语文本的感知造成明显损害。

为了不影响交际和美学效果，翻译文学也应符合目的语当下的表达习惯和语用规约。泰戈尔能够获得诺贝尔文学奖，被西方世界广为接受，原因在于他进行了诗学改写，迎合了当时英语读者的阅读习惯和审美形式。[①] 原作中相同的世界观在某一时期会备受推崇，在另一时期也可能遭受批判。例如，今天不再有英国人模仿莎翁的表述风格，也不再有德国人使用席勒式语言，但这并不影响莎士比亚和席勒的作品在本国

---

① 廖七一：《文化典籍的外译与接受语境》，《东方翻译》，2012年第4期。

的接受。相反,若是在海外译介这两个人的作品,人们就需使译文与具体的翻译情境相联系了。原作的语言作为现象本身是永恒的,而译作的语言作为对源语和目的语的双重阐释总要受时代的制约。为了达到预期的译介效果,翻译作品必须与目的语读者所处时代的语言风格和文体特征相一致。仿古造词、语言革新、意义变迁和时髦词汇,这些丝毫不会影响原作的存在,却往往会损害译文的完整性和流畅度,使译文改变面貌。大多数译文都无法摆脱由时代强加的对艺术作品的削弱过程。艺术作品所蕴含的时代特征既包含美学建构潜能又包含诗学消解潜能,这样一来,译文在语言和审美层面上的解构功效便成为一种动态的时间变量,使得每一次翻译都能从本质上将原作及其复制品区分开来。少数译作之所以能够与原作风格相符,是因为它们并非简单的语言再生产,而是等值的美学建构和类似的效果史文化现象,是对原文的等效映射。

每一部译作都折射出其所处时代的精神、文体和语言标志,译者的时代局限性在很大程度上决定了翻译作品的美学效果和世界观。译者的语言很难上升为目的语语用的风向标,因为从本体论维度来看译者不可能拥有原文经典作家的身份和地位,毕竟他生成的不是永恒的原作,而只是在一定程度上和特定时代下的重复行为。译者完全能够将原作中的语言创新为己所用,但必须是在自己母语现行规则的框架内方可。无论从创作还是阐释角度来看,原作都显示出巨大的开放性和延展性,而译作则始终呈封闭性态势,从本质上具有鲜明的时代制约性。作为不可复制的语言艺术作品,原作向人们呈现的是"被抛的"存在状态(海德格尔)、语言的独特性和文化的孤独性(德里达),翻译作为一种复制既非"被抛"也非孤独,因而可以被随意重复生产。

米歇尔·福柯(Michel Foucault)的"话语"概念在此可应用于对翻译行为的评介。任何译者在与原作对话的同时,也置身于自己所处时代的话语交流之中。在不同的接受时期,经典原作经常会引发远超时代视野的话语效果，因为这些作品大都蕴含丰富的话语潜能。与原作不同，译作只能理解和感知当下的时代话语，不能像经典作品那样对不同时期的话语张力提出挑战。译者语言虽然受所处时代语法规则的束缚，但译者具有翻译的主体性和创造性，可以尝试去面对这一问题。海德格尔的艺术作品真实性存在原则同样适合解释这一现象：人们尽管通晓一切翻译技艺，但也始终只是平庸的译者，因为人们未能触及原文作品的真实性边界。正是真实性原则构成了永恒和时代制约性的分界线。现象学视域下的时间概念绝非旨在重构语言艺术作品的本体论基本原则，而是效果美学范畴内的翻译方法和手段，是评价翻译质量的标准。比肩原创作品的译作不只要迎合时代品位，更要符合时代精神。时间能够摧毁一切物质的东西，但在天才艺术作品面前却始终无能为力。

翻译过程往往表现为译者与作者的无声对话，对于特殊体裁的作品翻译更是如此。作为源远流长的道家典籍，《庄子》一书拥有绮丽的诗学结构和深邃的哲理内涵。翻译《庄子》是一项极其困难的哲学和文学挑战，因为这是一个思想翻译的挑战。真正意义上的思想产生于语言游戏，维特根斯坦正是因为洞悉这一点，才赋予其基本语言哲学观点以打上哲学和文学烙印的格言形式。译者只有在对源语文本进行逻辑理性加工之后，才能正确理解和阐释文本。在哲学性和文学性极强的文本翻译中，译者很难将思想的意蕴和语言的结构统一起来。优秀的译者首先须确定自己是否真正理解了原作的思想内涵，然后以美学形式再现自己对思想游戏的认知与阐释。

在处理原文与译文的关系时，对历史化、民族化和政治化的文化意象传送是必须考量的因素。大量的翻译实践证明，理想的翻译转换策略一定程度上已经在原文中有所反映，译者只需在翻译语境下赋予其新的形态即可。对此，具有翻译能力的译者往往也能够对原文在他者语言和文化中的存在了然于胸。对文艺作品和文化文本的翻译解读有别于应用或专业文本,前者主要探究文本选取原则、文本建构要素、文本的文化史关联和时代制约性,以及文本所根植的政治语境,等等。模式化(图式)意象是着眼于具体受众、以特定方式建构的语言和思维图景,其目的在于激起受众预期的情感和行为方式。对源语图式意象的翻译就意味着受众的改变,毕竟目的语读者和源语读者在语言、文化和精神世界等方面都存在差异。也就是说,译者必须对新受众的预期反应做出预判,并运用相应的翻译策略进行调整,而这正是具有跨文化能力的专业译者的任务。"事实上,译者之所以能够胜任翻译工作,是因为已经拥有一定的源语文化图式。这是译者高于不具备跨文化交际能力的普通读者的地方。正是由于同时具备源语文化图式和译语文化图式,译者才既能准确阐释源语各类文化元素,又能根据译文读者的认知语境,采取合理的翻译策略,帮助读者克服文化图式差异造成的阅读障碍。"[1] 具体说来,译者须意识到自己作为语言传送者和文化使者的主体角色,应检验和评述模式化的意象在源语及目的语中的显现语境、功能作用、文化变迁和效果影响。

存在的问题是,翻译虽能将模式化意象迁移到他者语言和文化之中,但却可能引发与原作者意向并不完全吻合的效果,使之在接受过程中获得了其他功能。[2] 这可能是译者受到自我文化语境的影响,对于原文中的同一文化意象会与原作者有着不同的认识,甚至无法识别和无法理解同一文化意象。翻译过程不能仅靠单纯的语言学或者翻译学范畴加以分析,还须额外借助文化学、社会学和政治学等方面的视角,因为通过翻译所传送的文化意象和世界观不仅涉及内涵层面,同时也包括语境因素和潜在效果。文本中反复出现的图式思维和表达形式也并非一成

---

[1] 杨仕章:《文化翻译机制研究》,《中国俄语教学》,2019 年第 1 期。
[2] Christiane Nord: Translationsqualität aus funktionaler Sicht. In: Larisa Schippel (Hg.): *Übersetzungsqualität: Kritik–Kriterien–Bewertungshandeln.* Berlin 2006, S. 17.

不变，其外延义和内涵义也会随时间和空间不同而有所变化。翻译模式化要素的前提是，在译语文化中存在已有的观念和类似的语言图景，译者须识别模式化要素的意义、功能和预期效果，继而制订相应的翻译方案，而这如果离开了译者的历史意识和跨学科知识几乎是无法想象的。所有翻译也包括模式化要素的翻译，既要考虑受众的预期视域，又要忠实地再现源语世界的风貌。模式化思维和表达方式作为在不同文化中积淀而成的历史、社会、政治、情感特质的载体，其翻译对译者能力提出了特殊要求。这些要求不仅涉及语言、审美和心智层面，而且还指向译者对模式化要素多重效果的敏感度。对模式化要素的误译可能会招致意想不到的后果，反之，正确的解读和翻译则有助于消除文化间的误解。

诺德曾经从功能翻译视角出发，给出过一条衡量译者能力的标准："语言知识有限但翻译能力出众，要好于精通语言但欠缺译者能力。"[①] 经典作品的对话性特征要求译者能够凸显翻译的语用和文化维度，感知译文生成的精神过程以及历史、文化和美学流变，通过翻译主体行为创造性地再现异域文本，使其具有独特性和不可重复性，并能明确自身参与建构原文丰富内涵的合著者身份。从某种意义上讲，译者的创造性也意味着使译语文本适应目的语文化受众的阅读预期和审美需求。相比一般性翻译，在文学文本尤其是诗歌翻译方面译者享有更大的创造空间。创造性既具有社会维度又拥有主观个体维度，翻译创造性格外依赖译者广博的知识和丰富的经验。译者对源语文本越熟悉，对相关专业知识掌握得越多，对文本转换方法运用得越娴熟，他的翻译决策也就越具创造性。从具体表现形式来看，翻译创造性既运行于过程层面，如对源语文本的阐释和对翻译方法的选取；又体现在结果层面上，如对某些文段或文本要素的目的语表述。考虑到翻译过程和翻译结果总是相互影响，因

---

① Christiane Nord: 2006, S. 26.

此上述两个层面之间并无严格的界限，只是其中某一层面在特定的翻译条件和译者主体视角下可能占主导地位而已。总体说来，如果"按字面翻译"不再可能，源语文本要素无法在目的语中找到精确对应，按照惯常的转换模式无法用目的语再现原文语句，那么译者的创造性就体现出来了。

第五节　翻译过程中的理解与决策

任何翻译必然也是阐释。因为源语文本不是既存和确定的，而是需要经广义上的阐释，也就是通过感知过程、辨别过程和意义分配过程推敲得知。阐释是文本接受和文本生产的统一，目的语文本从这个意义上讲就是译者对源语文本明确的阐释结果。"翻译的根本在于阐释，而阐释无论是在翻译之前，还是在翻译的过程中，都扮演着举足轻重的角色，也许还能决定译作的接受状况。"[1] 理解行为和理解过程是翻译研究的重要论题，这需要我们从阐释学和认知学视角来讨论。

阐释翻译思想强调翻译行为的理解特征。阐释论不仅延续了传统翻译思想，也是与语言学翻译理论的对立。文本间不存在等值关系，这是阐释翻译理论的基本假设。同样，翻译被视为决策过程，也使译者的作用开始显现。"阐释翻译带有鲜明的译者作为理解者的主体烙印。"[2] 翻译阐释学的核心论题是译者与源语文本的互动。翻译作为理解过程就是译者作为阐释者与蕴含了丰富的理解潜能的文本的对话过程。阐释之所以使翻译成为可能，是因为阐释行为本身就是译者基于前知识向普遍意

---

[1] 孙艺风：《文化翻译》，北京大学出版社2016年版，第48页。
[2] Brigitte Horn-Helf: *Technisches Übersetzen in Theorie und Praxis*. Tübingen 1999, S. 80.

义的无限接近。

每个人看待世界的视角各有差异，对事件和现象的理解也各不相同，这一方面与个人的主体性有关，另一方面也与个体所处的社会文化语境有关。当今全球化的世界以其文化、政治、生态和社会多样性，造就了个体不同的文化背景、价值取向、精神气质和性格特征，这些都是影响理解行为和理解结果的重要因素。理解过程总是根植于特定的语言、文化、传统、话语和社会结构之中，因此个体、社会文化或者历史层面的自我理解或者他者理解都是有边界的，也就是说理解行为总要伴随各种促进性或者限制性条件。理解是一个永无止境和永不完备的过程，某一理解结果仅仅是阐释者在特定条件下的阶段性选择。不断获取新的知识和拓宽视野可以有效提高理解能力，使理解的边界得到进一步延展。

若将翻译作为整体行为过程加以考量，那么阐释学范式的不足之处在于突出了译者对源语文本的解读过程，把理解原文作为译者的主要任务，从而忽略了生成目的语文本同样是翻译行为的重要组成部分。如果不能将翻译过程感知为完整的交际行为，那么译者同时作为原文读者和译文生产者的等值身份也就无从谈起了。阐释翻译理论在探究理解原文和生产译文方面的不均衡很容易诱发一种错觉，即一旦译者理解了原文，他对于译文的生产也就顺理成章的了。翻译的前提是译者必须熟练掌握目的语语用规约和修辞、文体技巧。日常翻译实践表明，合理的遣词造句绝非自动生成，而恰恰是翻译的最困难之处。因此，把阐释学与认知心理学和认知语言学相结合来探讨翻译的理解过程会更加具有说服力。理解是翻译决策的必要前提，因为不同的文化背景，译者在面对他者文化时往往缺乏经验基础，这就要求译者在决策过程中付出比普通读者更大的认知成本。翻译是在不同语言和文化间进行的传介行为，译者决策总是要以理解他者为出发点。理解并非呈线性演进的过程，而是在特定条件下的阐释循环。翻译既是对语言的理解，又是对语外因素和语言所承载的文化的理解。

理解是渐进的感知和思维过程，在此过程中受众基于已有知识独立建构文本表述的意义。支撑理解过程的认知行为不具普遍性特征，而是受特定文化、情境和主体禀赋的制约。对于理解而言受众既存的前知识是必不可少的，它给受众提供了对新信息进行分析、加工、接受的重要参照。一般说来，日常知识、个体经验知识和相关专业知识都属于前知识范畴。理解者一方面基于已有的经验和知识推动理解的阐释循环，另一方面又以"效果历史（文本意义与理解者不断相互影响的过程）"①的方式参与到集体文化记忆当中。文化记忆在理解过程中扮演着重要角色，它作为集体知识形式决定了个体知识的框架。词汇不仅仅是简单的语言符号，同时也是记述共同经验以及包含在语言中的历史和文化的载体，是不同语言社团的记忆代码。

译者的文本理解同样基于既存知识、个体经验、预期视域等一般性理解前提。除此之外，翻译理解过程的一个特殊之处在于，理解总是服务于特定目的、着眼于某一受众群体以及在特定翻译任务框架下进行的。翻译理解过程通常要先于阅读源语文本而发生，译者在阅读前根据自己已有的经验，先行唤起对源语文本类型及其使用目的的概况，继而联系预期的文本内容激活自己的知识存量。翻译是一个以理解为基础的多阶段决策过程：首先，译者通过直觉和认知对源语文本做出反应，运用既存的前知识激活文本的语义场；其次，译者使前知识和文本意义彼此互动和补充，通过多重视域融合建构文本的整体意义；最后，译者带着特定的意向和预期细读源语文本，预测读者反应，在充分考虑文本生

---

① Hans-Georg Gadamer: *Wahrheit und Methode. Grundzüge einer philosophischen Hermeneutik*. Tübingen 1965, S. 283.

成情境和接受情境的基础上深度阐释文本。总而言之，翻译理解的前提在于，译者要能使生发于他者语言和文化的文本信息融入自我知识结构当中。文本理解从来不是绝对的，"文本理解的历史局限性"[①]是不容置疑的。译者总要受特定文化及社会语境的制约和影响，文化影响有意识或者无意识地在译文中也会有所反映，毕竟译者是在依据目标语文化模式描述源语文化内涵。

"视角"属于译者决策过程的核心概念，因为整个翻译过程都是在多个视角的相互作用下运行的。视角"既包括审视者的价值观以及他对人物与现象的情感态度，也涵盖了自我与他者的区分和自我对他者的评判"[②]。文本具有多维视角特征，也就是说文本中预设了多个视角，它们允许受众也包括译者对文本进行不同的理解、阐释和翻译。在阅读介绍异域文化的文本时，人们通常倾向于从自我视角出发评判他者，欠缺考虑其他可能的解读方式。理解过程中的信息加工往往是墨守成规的程序，语言表达及表述背后的思想大多基于母语和自我文化的意义提取，如此一来就会产生误解或误读。因此翻译过程中无论是在文化层面还是在个体层面，译者对其他视角的敏感性就显得格外重要。跟普通读者一样，译者起初也是从自我文化视角即目的语文化读者的视角出发审视源语文本的。但是译者必须适时变换视角，以使自己能够从作者角度阐释文本。视角转换开启了可能会影响译者决策行为的新的阐释空间，视角转换能力强是保证翻译行为成功的基本前提。一旦目的语文化视角和源语文化视角不一致，就会在作者意向和读者预期之间产生矛盾，在这种情况下，译者要么使源语文本适应目的语文化受众的理解，要么尝试使

[①] Jiří Levý: *Die literarische Übersetzung. Theorie einer Kunstgattung.* Frankfurt am Main/Bonn 1969, S. 38.

[②] Christiane Nord: *Einführung in das funktionale Übersetzen. Am Beispiel von Titeln und Überschriften.* Tübingen/Basel 1993, S. 231.

译语读者感受源语文本的异域文化。

预设通常是指促使交际成功的所有隐含前提。为了保证交际行为的成功，交际伙伴必须大体上分享相同的预设。翻译过程中的文化预设涉及译者假定为受众所熟悉的但在源语文本中未被明确表达的文化信息。着眼于源语文本、源语文化背景、目的语语言及文化条件，译者须决定在译文中解释什么、以何种程度解释和怎样解释。源语文本言说的重要性和目的语文本受众的前知识也是译者做决策时需要考虑的因素。当源语文本指向源语文化读者时，文本中已经预先设置了大量的文化信息，译者须判断使哪些信息显化，让文本易于理解和接受。相反，当源语文本指涉目标语文化时，译者须考虑在译文中对哪些明确信息做隐性处理。源语文本中的文化预设也隐含了令译者高估或者低估目标受众的风险：如果没有为译文补充足够的额外信息，可能会对译语受众的文本理解造成不利影响；而如果译者对过多信息做了显化处理，这样又会在很大程度上剥夺目的语读者的阐释自由。所以，"翻译的适当与否在很大程度上取决于阐释是否可靠合理，同时还要为目的语读者留出适当的阐释空间"[①]。

作为高强度的心智活动和专业行为，翻译要求译者不仅按时、保质地完成任务，还要对自己的决策进行反省和解释。译者决策涵盖了从词句层面到文本整体层面、从分析源语文本到生成目的语文本的整个翻译过程。翻译过程中的任何决策都是在文化框架下进行的，也就是说译者在他者（源语）文化的动机指引下，从自我（目的语）文化视角出发做出相应决策。决策对翻译行为成功的重要性不言而喻，但翻译学迄今对译者决策的研究相对较少，主要有以下两个方面的原因：一是译者受各种指令的束缚，无法像作者那样书写自己的思想和情感，只能重新传达

---

① 孙艺风：《文化翻译》，北京大学出版社2016年版，第47页。

他人的言说，因此译者在决策上的自由度是非常有限的；二是译者承担了源语文本接受者和目的语文本生产者的双重角色，他的决策行为错综复杂，影响决策的情境和条件也因翻译任务而不同，故而对决策过程进行描述和分析的难度较大。随着译学研究从规定性方法向描写性范式的重心迁移，也应给予翻译决策问题更多的关注。从描写性视角系统探讨译者的决策行为，能够透过译者对自己认知信息加工的有意识反省，促使人们更好地理解译者的决策过程。

决策是一个特殊的认知、意向性和按照特定规则运行的过程，是一种"在一定程度上经过慎重考虑的、带有冲突意识和以目标为导向的行为"①。翻译决策行为也不例外。译者清楚自己所处的翻译情境，译者的思维过程虽不能涵盖影响决策行为的所有要素，但他却能鉴于自己的翻译行为显示出一种清晰的决策意识。译者决策是对比、评判和选择的过程，它既描述决策的结果，也刻画出决策的准备过程。译者决策通常由多个步骤组成，从这一意义上讲译者的决策过程实际上就是逐一解决翻译问题的过程。

译者决策既有轻松自如的自动性决策（惯性决策行为），也有须进行详尽的信息搜寻和加工的决策（以问题解决为导向的决策行为）。前者所需的认知成本较小，因为决策过程中译者经历的翻译情境与其过往经验有很大的相似性，基于可重复性原则，抽象的记忆内容在具体翻译情境下往往被自动激活。相反，后者所需的认知成本明显较大，因为译者决策大多是在信息不完备、文化不对称、影响因素不确定的条件下进行的。以问题解决为导向的决策行为对译者提出了更高的要求，这种情况下译者没有可依据的准确、清晰的决策参数，他需要在充分调动自己

---

① Helmut Jungermann, Hans-Rüdiger Pfister, Katrin Fischer: *Die Psychologie der Entscheidung. Eine Einführung.* München 2005, S. 3.

既存知识和过往经验的基础上，通过深度阐释源语文本信息和他者文化内涵，并适当考虑译语文本受众的接受预期，创立切实有效的翻译问题解决方案。

译者的双重角色使得翻译决策变得更为复杂。一方面，译者要基于对源语文本的阐释采取相应决策，这样的决策涉及文本类型、文体特征、作者意向等因素，它们涵盖了源语文本的语法、句法、修辞、词汇和文化层面。译者需要将相关文段纳入文本整体语境，将特定情境融入整体文化框架。另一方面，译者须着眼于生成目的语文本，在微观和宏观语境层面上采取相应决策，使以源语文本和译语文本为导向的决策协调统一。需要强调的是，接受源语文本和生成目的语文本过程中的决策是同时发生的，这是译者决策行为的特殊之处。对源语文本或者其构成要素的阐释决策同时也意味着对目的语文本的生成决策。因此接受源语文本阶段的决策与重新生成译语文本阶段的决策之间并无严格的界限，译者决策的各个步骤相互作用、彼此渗透。

为了更好地理解译者决策的实质，笔者建议把描写性决策理论的过程导向性基本模式[①]应用于译学研究，将译者决策过程分为以下五个阶段：第一，确定问题。译者以敏锐的问题意识，将个体经验和既存知识汇入源语文本，从微观的词句层面及宏观的整体文本层面识别和分析翻译问题，感知源语文本与拟生成的译语文本之间的差异。第二，收集信息。大多数翻译问题都要归结为译者欠缺的知识储备，为了消除影响决策的不确定因素，译者或者在调用自己过往经验和已有知识的基础上，充分结合文内信息以弥补当下的理解欠缺，或者通过深度调研和查阅相关文献，用文外信息补充现有知识。第三，探究可能性方案。译者着眼

---

① Hans-Christian Pfohl, Günther E.Braun: *Entscheidungstheorie. Normative und deskriptive Grundlagen des Entscheidens*. Landsberg 1981, S. 102-105.

于翻译任务，通过源语文本分析确定宏观翻译策略，以此为基础探究适合目的语文本表述的得当翻译方法。第四，评价可能性决策。译者结合语用标准、语境关联、翻译目的和受众的理解前提，对待选决策进行分析和评价。翻译实践中译者在面对多项等效选择时往往会取舍难断，这就要求译者凭借自己的直觉做出判断。第五，做出最优决策。译者在考虑预期后果的情况下优先选择某一决策。

如前所述，翻译决策过程的各阶段之间没有严格的区分，它们往往同时发生，相互过渡，循环运行，在特定翻译情境下某些阶段可能会被淡化或者省缺。翻译过程中译者须依循不同目标、参照不同规则做出相应决策。决策规则可分为补偿性规则和非补偿性规则两类。遇有译文无法再现源语语言表达和文化内涵的情况，译者就须通过改写、释义和再创造补偿目标语中欠缺的对应要素。译者在决策过程中经常使用补偿性规则，特别是在翻译文化专有项的时候。译者总要从目的语文本受众的知识前提出发，致力于通过补偿手段弥补受众的可能性知识欠缺。当然，译者在翻译过程中往往组合使用补偿性决策规则和非补偿性决策规则，既保证译文的准确性和流畅度，又最大限度地降低时间和认知成本。

第六节　翻译文化视角下的归化与异化

翻译的成功在很大程度上取决于译者广博的源语和目的语语言文化知识。语言和文化密不可分、相辅相成，透过语言读者可充分领略文化的差异性和多样性，同时源语文化的异质性又能够间接地丰富目的语的文化。语言知识既涉及词汇、句法、语义场等语言微观层面，又涵盖篇章、文体等语言宏观层面。就翻译而言，文化知识是指译者通晓源语文化和目的语文化中的文化专有项表述、文化负载词的联想义和内涵义、特殊文化行为以及特定文化现象和原型。语言和文化知识使译者能够积极认识两种语言及文化间的差异，形成译者翻译策略的基础。翻译方法和理论知识不仅包括对生成目的语文本必要的语言、文化和专业知识，还应包括对跨越语言文化障碍转换源文本语言文化信息的不同方法的掌握。归纳起来讲，语言知识构成了所有翻译行为的基础，文化知识和专业知识能够促进译者对源语文本的得当阐释，是依循翻译目的生成目的语文本的前提条件，方法和理论知识则确保了所生成目的语文本的可接受性。

任何译文都无法保留原文的所有特征，就连严格按字面直译的翻译也做不到这一点。仅凭语言学方法和手段不足以解决翻译问题，这就为翻译的跨学科研究提供了理论和实践依据。不可译性长期以来都是译界所关注的问题。针对翻译的不可译性可以归纳为以下三个方面：第一，意义不可能通过直接观察被感知，因而人们无法给出经得起主体间性检验的意义确定标准；第二，不同语言在语义结构上的本质差异决定了严格的语际内涵等值是不可能的；第三，作为交际工具，语言在具体运用时所根植的文化语境各不相同。

针对第一种论断可以有以下两种回应。第一种回应是创立一种文本解读的艺术，继而将之扩展为普遍的理解理论，这也是阐释学学科创立的初衷。现代哲学阐释学的奠基人之一弗里德里希·施莱尔马赫（Friedrich Schleiermacher）于1813年就翻译问题详细区分了"归化"和"异化"两种翻译策略，尽管他本人并未使用这样的术语。第二种回应是提出翻译过程的恒定性要求。所谓"恒定性"就是原文中的哪些要素必须在译文中得以保留。这里所说的保留要素包括文本内涵即文本传达的信息、文本意义即作者想要言说什么、文体特征、文本对读者的影响，等等。这样的恒定性要求虽然合乎情理，但问题在于是否以及在何种程度上能够达到这些标准。一般认为，文本意义只存在于读者的意识层面。鉴于读者的理解过程或者接受行为各不相同，因而文本也就蕴含了大量的意义潜能。综上所述，翻译不可能是绝对和一次性的理解行为。每一次翻译都会生成新的译语文本，该文本又会激起译文读者完全不同于译者预期的理解结果。这是因为从交际功能来看，文本意义大多具有不确定性特征，文本中预设的诸多理解可能性只有通过"理解视域"才能得以具体化和显化。

第二种不可译性指向不同语言语义结构的根本性差异。施莱尔马赫也发现并表述了这一差异性问题："语言的非理性贯穿了参与翻译的两种语言的所有要素。"① 这里所说的"非理性"意指在两种语言的符号要素（词、构词成分或者语法现象）之间不存在对等关系。严格说来，不同语言系统之间没有精确的形式对应。要求翻译是在另一种语言中对源语各组成部分的准确映像，这实际上是乌托邦式的幻想。洪堡（Wilhelm von Humboldt）1796年7月23日在写给施莱格尔的信里说过这样一句话："一切翻译在我看来简直都是企图去完成一项不可能完成的任务。"因此人们普遍将洪堡视为不可译论的首要代表。殊不知，这是洪堡自己在从事翻译活动之前的观点。20年后，在他翻译完埃斯库罗斯的《阿伽门农》之后，他又转而持可译性立场："翻译可谓最必要的文学工作之一。完全可以断言，一切都能用其他语言也包括方言加以表达。"② 通常情况下，翻译并非要借助于另一种语言去模仿一种语言的语义和句子结构，而是把一种语言的表达手段，用另一种语言不同的表达手段等

---

① Friedrich Schleiermacher: Über die verschiedenen Methoden des Übersetzens. In: G. Reimer (Hg.): *Friedrich Schleiermachers sämtliche Werke*. Dritte Abteilung. Zur Philosophie, 2. Bd. Berlin 1828, S. 212.

② Wilhelm von Humboldt: Einleitung zu Aeschylos Agamemnon metrisch übersetzt. In: Störig (Hg.): *Das Problem des Übersetzens*. Darmstadt 1963, S. 81.

值、得当地再现出来。

第三种不可译性在强调语言的客观差异之余，特别凸显了语言的文化差异。语言是在不同的地理区域、受不同生活环境和社会经验的影响而产生发展起来的，因此语言系统之间的非一致性是理所当然的。但另一方面，翻译过程中尽量保留原文的异质性元素，又能给译文注入某些国别和地域色彩，给读者以耳目一新之感。这里所说的异质性元素主要涉及文化专有项或者文化负载词。基于自己对源语文本的解读，译者在建构目的语文本时应尽可能保留原文预设的理解潜能，避免原文的多义性受自己主观阐释的制约。文化差异问题是翻译过程绕不开的话题，原文中根植于不同地域、时代和民族的文化，会产生有别于目的语文化的情境、习俗和价值观。译文的接受也有赖于目的语受众的阅读行为。同一原作会催生完全不同的理解结果，与此相类似，译语文本同样蕴含了足够的语言素材和语义潜能，能够满足不同读者的理解视域和接受预期。从这个意义上讲，译者没有必要对原文及译文进行过多的语言干预和文化过滤。

"文化翻译的最终目的是将源语文化的某些特质进行跨文化传递。文化的不可译，即是文化信息的不可译，而文化信息的传递，离不开文化形式的复制或改造。"[①] 在关于不可译性和可译性限度的探讨中，原作和译作之间的时间距离是一个不容忽视的重要因素。古典作品因其特别的语法、拼写特征和文化意象会给人以陌生感，在这种情况下为实现最大限度的可接受性，译文的建构应尽量吻合读者的预期视域，使其能够以类似目标文化的情感和审美方式感知译文。译者通过改变原文文化意象的主要特征，有时会使译文达到意想不到的接受效果。得当的翻译策略能够巧妙地传达原文的语言图景和文化意象，增强对具有意义建构功

---

① 孙艺风：《文化翻译》，北京大学出版社 2016 年版，第 17 页。

能的文化词语的敏感度，创造性地化解文化负载词对译语读者的消极作用。但在限制和转换这些文化要素时，译者也需要有清醒的认识。借用阐释翻译理论的观点，"任何文本都可译成其他语言的文本，但并非所有锁定在文本里的句法和语义要素，都能在另一种语言中按照类似的句法和语义规则得以再现"①。特别是文本的形式和风格在很大程度上是不可译的，后一种情况尤其见于诗歌的格律、节奏和韵脚，以及基于语言符号表达层面的、饱含创造性元素的语言游戏。如翻译卡夫卡的作品时即是这种情况，完全改写式翻译会扭曲文本的整体价值取向和思想内涵。

在将源语文本的文化异质性迁移至目的语文本中时，译者原则上有两种可能性。根据翻译目的的不同，译者或弱化或凸显原文的异质性元素，由此便产生出两种不同的翻译类型即归化和异化翻译。源语文本的异质性表现为其文化内涵或者形式结构。译者可通过完整再现异域色彩和文化差异保留原文的文化特质，但这样做可能会达不到受众的预期，因为受众无法将文本异质性融入自己的既存知识。在这种情况下译者可以通过评论、加注、解释等方法为受众创造必要的理解前提，毕竟译文一般都指向某一特定的读者群体，他们期待译者生成一种符合译语文化语用标准、明了易懂的译语文本。

归化翻译主要以目的语文本为导向，译者或者消除源语文本中的异质性元素，用相应的目标文化元素取而代之；或者尝试借助译语表达手段，使译语受众熟悉源语异质性特征。实施归化翻译时译者竭力使译文给人这样的印象，仿佛作者在用目的语语言书写原文。归化翻译往往服务于效果等值之目的，也就是说译语文本对目标文化受众应产生源语文

---

① Fritz Paepcke: *Im Übersetzen leben. Übersetzen und Textvergleich*. Tübingen 1986, S. 92.

本之于原文读者相同的效果。在中国，五四运动以来的翻译学者一直提倡归化翻译。在西方，翻译理论家奈达提出的"动态对等"代表了归化翻译的主流观点。归化翻译往往会对源语文本进行"文化过滤"处理，以平衡两种文本的文化差异。但这样一来，翻译尤其是文学翻译便丧失了一个重要功能，即丰富目的语文化和拓宽目标受众的视野。与归化翻译相连的还有对译文读者接受能力的低估，某些译者竭力尝试消除译文中可能出现的理解障碍，这样做会在很大程度上压缩读者对文本的自我阐释空间。顾及目标受众的理解前提使译文朝归化翻译又近了一步，此举虽然不会完全抹杀文化差异，但仍会使译文在一定程度上丧失原文的艺术表现力，使读者失去主动进行文化比较的机会。尽管归化论在中西译界曾一度盛行，但今天它不再是通行的适用标准，特别是对翻译文化文本而言，只有在翻译个别文化负载信息时归化法才被使用。

相反，异化翻译以源语文本为导向，重在真实反映源语语言和文化的形式及应用。这种翻译方法将源语文本连同文化专有项通通引入译语文化，也就是说目的语文本直接吸纳了与本民族文化截然不同、带有鲜明源语文化特征的要素。以这种方式生成的译语文本旨在尽可能准确地向读者再现源语文化的真实面貌，使读者对他者文化和异域风情产生身临其境之感。异化翻译本身就隐含了变熟悉为陌生的过程，即通过翻译把源语文化中的熟知信息转换成对目的语文化而言陌生的元素。相比原文，任何译文都会令译语读者感到更加亲切，从这层意义上讲，所有的翻译都能被描述为归化翻译。而另一方面，对于虽熟知源语文化却因语言障碍无法阅读原文的受众而言，每一次归化翻译亦会带来异化效果。根据视角的不同，归化可被感知为异化，反之则相反。

在处理具体文字时，译者往往纠结于在词汇上贴近原文还是侧重于再现意义，这便是译者经常面对的直译和意译问题。这两种不同的翻译方法要追溯到西塞罗（Marcus Tullius Cicero）提出的"作为解释员"和

"作为演说家"的翻译①,他对于翻译方法的阐述在很大程度上主导了直至20世纪的翻译理论探讨。有些人倾向于将直译/意译和异化/归化这两组二元对立概念等量齐观,但它们之间并非完全等同。异化和归化首先要被理解为翻译类型和翻译策略,它们涉及文本整体、文本功能及其相互关系。相反,直译和意译则描述译者对具体文本要素的处理方式。这两组概念之间存在一定的相互关系,因为一种翻译类型往往会要求某种特定的翻译方法,但是情况也并不尽然。归化翻译或许隐含了一定程度的"自由",但有些通过意译方法生成的译文不见得依循了"归化"程序。换言之,意译并不意味着绝对的归化,而异化翻译也并非一定要采取直译方法。

从翻译创造性角度来看,直译被认为是译者面对困难时的权宜之计。直译虽然契合了译者的双语能力,但并不完全可靠,因为不同语言的表达意义很难完全对称,还要在很大程度上取决于受众所根植的文化语境。按字面义翻译兼具文化多样性和文化差异性的文本,往往会忽视文化要素在特定语境下的意义建构功能,不能够在译文中充分表达源语的文化意象。译者不仅没有清晰地再现原文所指,甚至还可能产生对原文的误译。读者是文本意义的共同建构者,文本意义与读者的前知识之间存在必然的相互关系。语言词汇层面的相似性绝不意味着内涵方面的同一性。受母语的干扰,译者完全有可能感知不到源语文本和目的语文本内涵之间的文化差异,从而忽略特定文本要素的文化专有内涵义。采用直译法复合而成的译语表达既不能展现原文作者的意向,又会使目的语文化受众感到陌生和突兀,甚至无法融入受众既有的知识结构。源语文本和目的语文本在词汇和文化层面上的趋异性是客观存在的,故而在

---

① Wolfram Wilss: *Kognition und Übersetzen. Zu Theorie und Praxis der menschlichen und der maschinellen Übersetzung.* Tübingen 1988, S. 121.

很多情况下受源语文化制约的文本要素无法被"直译"入目标语言，译者须选择一种"得义忘形"的意译方法。倘若目的语无法提供既有的常规语言模式以对应原文的文化专有项，译者一般就会通过改写来解决这一表达失衡，或者选用上义词来应对无法或不宜采用直译的情况。但同时意译也存在使译文过度偏离原文的风险，致使原文中的某些外延义和内涵义在译文中缺失。

对根植于文本语境的文化信息的多种译法，折射出不同译者对原文作者精神世界和创作主旨各不相同的接近方式。"对文化的语境化与再度语境化是提高文化可译性的有效途径，同时有助于寻找并建立呼应之处。一般而言，文本只要具有可释性，就具备了可译性的基础，至少是基本的可译性，虽可能只是低度的可译性，如文化专有项的可译性限度是十分明显的，翻译的真正挑战往往在于决定根据具体情况如何制定合理而有效的策略。"[①] 译者须综合考虑源语文本类型、翻译情境、翻译目的和受众预期，在直译和意译之间做出得当选择。但无论怎样都是殊途同归，译者要对原作产生的社会、历史和文化语境保持高度敏感，充分考虑作者通过文化象征想要引发的审美和情感效果。正如学者郭建中所言："译者既可采用归化的原则和方法，也可采用异化的原则和方法。至于在译文中必须保留哪些源语文化，怎样保留，哪些源语文化的因素又必须做出调整以适应目的语文化，都可在对作者意图、翻译目的、文本类型和读者对象等因素分析的基础上做出选择。对译者来说，重要的是在翻译过程中要有深刻的文化意识，即意识到两种文化的异同。"[②] 翻译文化的多元特质使得文化交融成为有效的生存之道，每一部作品的成功译介都是跨文化的实践和文化间的学习，促进不同文化之间的对话与

[①] 孙艺风：《文化翻译》，北京大学出版社2016年版，第19页。
[②] 郭建中：《翻译中的文化因素：异化与归化》，《外国语》，1998年第2期。

沟通，共建全球化的文化多元框架。

第七节　翻译文化视角下的典籍外译

放眼人类历史上的几次重大翻译活动，如西方文艺复兴时期把古希腊文学、文化典籍翻译成拉丁语，再如中国魏晋南北朝和隋唐时期的佛经翻译，这些活动不仅是对特定文本的翻译，更是对整个文化和观念系统的译介。它们既是一般意义上的翻译过程，又是更加深刻和持久的跨文化过程。当今，随着我国综合实力的日益增强和海外交流的日益频繁，中国文化"走出去"成为一项国家战略，作为文化产品的典籍外译的域外传播也成为译界关注的热点话题。"就整体而言，每一个国家的翻译都是与文化战略联系在一起，也就是说，将翻译定位为文化战略手段，实质服务于国家或者民族的核心利益。这就是所谓的'文化翻译政治观'。"[①] 不同时代的文学和哲学著作沉淀了本民族丰富的文化底蕴，反映了本民族多样的文化生活。这些经典作品通过翻译活动传播到海外，让人们了解到该民族的文化内容和文化现象。对于翻译研究而言，翻译文化史是一个必要的角度，来探讨翻译的产生和接受、多译本现象、有效传播和文化影响等问题。通过分析经典文本在特定社会文化语境下的翻译传播，追溯翻译目的的确定、翻译策略的选择、译作在目的语文化中的地位和功能等，尝试从已有的成功经验来观照当下的外译问题，为中国文化的对外传播提供现实参考和有益对策。

翻译不仅受制于文化，也会影响文化。"翻译所造成的文化影响，并不取决于语言的转换过程，也不在于原著和译作本身，而是受目的语社会文化环境的影响。考察翻译的文化功用，文化史无疑是最具说服力

[①] 刘宓庆：《文化翻译论纲》，中译出版社2019年版，第13页。

的例证。"① 上述观点在某一程度上说明了社会文化语境和翻译活动之间相互选择、相互促进的关系。学者王克非在其《翻译文化史论》一书中这样解读翻译文化史:"它不同于一般文化史,这是很显然的。它研究的是,经过翻译这样的沟通工作之后文化发生的变化。它也不同于翻译史,因为它的重点不是翻译活动、翻译机构、翻译流派,等等。翻译文化史重在研究翻译对于文化(尤其是译入语文化)的意义和影响,它在文化史上的作用,以及文化对于翻译的制约,特别是通过翻译摄取域外文化精华时,翻译起到什么样的作用,达到什么样的目的,发生什么样的变异。"② 法国的安托瓦纳·贝尔曼(Antoine Berman)撰写了《异域的考验——德国浪漫主义时期的文化与翻译》一书,把翻译与文化传播结合起来对翻译进行考察。他在题为"翻译宣言"的序中指出,撰写翻译史,不能与语言史、文化史和文学史割裂开来,要明确翻译在文化视界中的意义。贝尔曼从"普通性"的角度探讨了翻译介乎两种或多种文化之间所起的作用,并以德意志民族文化的发展为主线,对从路德(Martin Luther)到荷尔德林(Friedrich Hölderlin)这一历史阶段的译事、译论的发展与变化做了全面思考,开辟了翻译文化史的研究途径。③

从翻译理论的视角来看,翻译文化的传播与接受不是遵循以等值原则为导向的规范性翻译,而是要以描述翻译的历史现象为宗旨。西方的描写翻译研究具有描述性、目的语文本导向性、功能性和系统性特征,其理论思想皆围绕特定语境和历史发展脉络展开。描写翻译研究把翻译学视作比较文学的分支,该学派主要代表人物如赫曼斯(Theo

---

① 俞佳乐、许钧:《翻译的文化社会学观——兼评〈翻译文化史论〉》,《中国翻译》,2004年第1期。
② 王克非:《翻译文化史论》,上海外语教育出版社1997年版,第2—3页。
③ 转引自:许钧:《翻译研究与翻译文化观》,《南京大学学报》,2002年第3期。

Hermans）、埃文-佐哈儿（Itamar Even-Zohar）、图里（Gideon Toury）、勒菲弗尔、巴斯奈特等人皆来自比较文学研究领域。受到结构主义影响，"描写"实质上就是把文学翻译描述为文学史和文化史的一部分，这样"译文就不再是原文的映像或者代表，而是成为独立的语言艺术作品"①。描写翻译理论强调译文的功能维度、翻译的单向性和受众导向原则，体现出与目的论的诸多相似之处。

"通过文化翻译，不仅可以把一个文化的意识形态传播到另一文化当中，而且通过这种传播可以影响和改变目的语文化的意识形态。例如我国历史上三次翻译高潮，都给我国的思想体系和社会带来了巨大的变化。古代的佛经翻译，影响了人们的信仰，从而间接改变了社会，也改变了文学叙事的方式等。'五四'前后的西学东渐，大量的西方思想和学术作品翻译到中国，改变了当时人们的思想和意识形态，促使当时的人们产生了强烈的改变现实的愿望，成为改变社会的革命力量。"② 同样，中国道家思想译介也在不同历史阶段对德国的社会文化产生了广泛影响，这不仅反映在德国文学家、思想家和哲学家的相关著述里，也反映在大众读者的接受程度上。翻译文化视角下道家典籍的接受研究不仅可以从宏观方面勾勒出中国文化经典在德国的翻译历史轨迹，也可以从微观层面系统探讨典籍文本的翻译实践和翻译策略，描述中德文化交流的协调互动，总结典籍外译的成败得失，为中国文化积极有效地对外传播献计献策。学者廖七一把典籍翻译视为一种具有既定目标的文化传播战略，因此，"认识弱势文化的逆向交流的规律，正确定位典籍的文本功能，熟悉接受语境的意识形态、主流诗学和审美传统，充分利用现代化

---

① Jörn Albrecht: *Literarische Übersetzung. Geschichte, Theorie, kulturelle Wirkung*. Darmstadt 1998, S. 193.
② 曹迎春：《文化翻译视域下的译者风格研究——〈牡丹亭〉英译个案研究》，上海交通大学出版社 2017 年版，第 25 页。

的传播媒介等，应该是保障典籍外译和顺利传播的必要条件。对接受语境的分析与研究不仅有利于理性地选择翻译内容、翻译策略和翻译表现形式，同时还能提高我们对作为文化产品的典籍翻译的本质认识"①。

描写翻译研究主张对译文进行纯粹的描述性分析。基于"文学多元系统"这一基本构想，译文与原文是否一致或出现偏差并不是其关注点，因为翻译研究首先要考虑的是文化环境以及目的语文本的产生条件和接受条件。此外，翻译的其他形式如改写、意译、模仿等也是翻译研究必须关注的方面。描写翻译学派为翻译概念做出了非常宽泛的定义，使得没有原文可循的伪译也同样成为研究对象。语言学的等值观遭到了根本质疑，与原文的关系不再是判定译文的决定性标准，而在于翻译在社会和历史中的作用。描写翻译研究主要援引埃文－佐哈儿的多元系统理论，来解释翻译在目的语文化中的功能。按照这一理论，不同文学和文化构成既相互融合，又为竞争主导地位而互相对立的多维模态。不同力量之间的角逐体现为中心与边缘、变革与保守、经典与非经典等二元对立。翻译在目的语文化多元系统里因受到操纵而发生变异，或者对目的语文学和文化起到丰富和更新作用。

描写翻译研究明确了翻译的语境化特征，也就是说，翻译必须根植于某一文化历史语境、社会政治语境和文学系统语境。勒菲弗尔在其所著《翻译、历史与文化论集》一书的导论中，提出了五组翻译与文化的问题，诸如一种文化为什么要通过翻译引进外国的文本？这样做是否意味着自身文化的不足？谁为自己的文化引进了外国文化的文本？换句话说，是谁翻译的？为什么要翻译？翻译目的是什么？谁选择需要翻译的文本？有什么因素影响这种选择？②勒菲弗尔分别从思想意识、赞助

---

① 廖七一：《文化典籍的外译与接受语境》，《东方翻译》，2012年第4期。
② 转引自：郭建中：《当代美国翻译理论》，湖北教育出版社2000年版，第161页。

人、诗学等方面回答了上述问题。描写翻译研究还首次使人们意识到翻译概念的多样性和相对性。图里的文化符号学思想在描写翻译研究中占有特殊地位。图里的翻译思想虽然也以目的语和目的语文本为导向，但其最终目的却是要表述能够规范翻译行为的普遍法则。在他看来，文本的"翻译身份"认定是通过阐释过程完成的。图里认为翻译具有很大的不确定性，而强调差异性、不确定性和流变性是20世纪90年代翻译理论的一个显著特征，是解构主义、功能主义和描写翻译研究等不同思潮共有的特征。图里沿用列维"翻译即决策过程"的观点，指出译者的决策并非基于偶然性，而是受译者所熟知、为一种文化所认可的规范的调控。图里将"规范"理念植入文化符号学思想，把翻译理解为受规范指引的行为，通过遵循源语文化或者目的语文化规范，人们可对任何翻译行为进行描述。规范不是直接且确定的，它具有社会文化特性和原则上的不稳定性。

译文只有以纸媒或其他媒介形式真正进入公共传播领域，翻译才能凸显其文化意义和社会影响力。这种公共传播渠道首先对译作进行纵向的文学史和文化史定位；其次对译作的传播效果进行接受评价，同时也从读者视域出发分析作品的美学价值。受众无所谓他所阅读的译作出自哪名译者，他在阅读时会把译作幻想成原作，认为译作是原作者用他种语言的创作。只有当读者在面对多种平行译本时，他才会意识到那是针对同一原作的不同译语文本。经典作品的复译接受研究具有重要意义，因为译作有别于原作并经常被赋予新的内涵，这既是语言、文化和审美因素所致，有时也有特定的政治和市场效益原因。

20世纪末接受美学在文艺创作领域引发了一种重要且备受争议的现象，它促使人们重新审视文艺创作的效果论，在评价作品时除依据传统的伦理和美学标准外，也开始聚焦作品的生产、复制和营销等因素。衡量文艺创作成功与否的一个重要参照便是，小说、剧本抑或影片是否最大限度地符合消费者的预期视域。审美策略开始逐渐取代社会学规范主导文艺市场，并导致文艺创作从形式、结构到主题、内涵的自我调整，开启了现代通俗文学的新时代。很快翻译文学也受到社会公众接受法则的约束，对原创作者的美学要求也同样适用于文学译者。为了繁荣图书市场，人们纷纷跨越国别、文化和语言界限搜寻并重译早期的畅销作品，或者用新的语用和审美标准重新包装原有的译本，使其迎合当下读者的欣赏品位。在市场经济运作模式和全球化背景下，翻译团队取代了个体译者，读者的阅读品趣也从差异化走向普遍化。对于作品接受的评价不再像原先那样由作者、译者、文学评论家和翻译批评家共同制定，而是完全由市场所操控。

在翻译研究文化转向的背景下，译者主体经历了从隐身到显身的过程，译者的主体性地位逐渐彰显。译者的多重角色导致了译者行为的多样性和译文形态的多样性，这从典籍翻译的多译本现象可见一斑。译者在翻译过程中的多重身份具体表现为：第一，译者以读者的身份研读原作；第二，译者以作者的身份再现原作；第三，译者以创造者的身份传达原作；第四，译者以研究者的身份理解原作。① 无论译者持有何种身份，都受到历史语境的制约和影响，被某一文化规范所引导，从而形成自己的翻译立场和翻译决策。从翻译文化史的角度来看，我国历史上的三次翻译高潮，即汉唐时期的佛经翻译、明清时期的科技翻译、"五四"时期的人文思想翻译都是从强势文化到弱势文化的"顺向交流"，而我国目前积极倡导的中国文化"走出去"则是从弱势文化到强势文化的"逆向交流"。在基于逆向交流的翻译活动中，中译外作品数量明显较少，且以文史哲经典为主，文本必须经过现代诠释以符合目的语受众的期待，要充分考虑目的语文化的社会环境、意识形态、诗学传统、价值

---

① 田德蓓：《论译者的身份》，《中国翻译》，2000年第6期。

观念等影响受众接受的因素。同时,这也并不意味着语言文化交际可以忽略对各自所在区域的历史和传统的认同,相反,恰恰是在相互尊重文化差异的基础上,跨文化传播才能突破传统差异和精神特质的束缚,创造一个平等沟通与交流的平台。全球化进程不仅尊重区域和国别文化现象的存在,而且也能使后者免于受全球化浪潮的同化。基于全球化进程这一矛盾性,文化视角下的典籍翻译正好契合了歌德的"世界文学"理念,因为世界文学作为整体正是各地区、国家文学和文化的集大成者。使受众意识到翻译的世界文化维度,恰是新世纪译者的首要任务之一。译者虽无法直接影响全球文化政策的走向及形态,但却能通过自身的创造性活动增进民族间的沟通与信任,促使不同区域的文化特性为文化全球化与文化多样化的共存共荣做出贡献。

第二章 道家思想在西方接受史述

若要系统地研究道家思想在西方的接受与传播，就须首先从概念上厘清何谓道教与道家，西方对道教的错误认识集中在两个方面：一是将道教视为中国古代传统思想的化身；二是把道教等同于"道"，将《道德经》的思想内涵作为老子学说与道教等量齐观。"道"与"气""阴阳""五行"等一样，同属中国古代宇宙学说的基本概念，对中国文化产生的深远影响一直延续至今。从发轫年代来看，中国古代宇宙论要早于道教。诸子百家皆源出于"道"，又通过对"道"的不同阐释彼此区分。正是忽略了道教的历史背景，西方世界往往未能充分感知"道"、道教和道家的丰富内涵与含义差别。简单说来，"道"是中国传统思想中的基本和普世价值概念，道教是以"道"为最高信仰的中国本土宗教，道家则是诸子百家中极为重要的、基于老庄思想的哲学流派。本章主要对道家，特别是庄子思想在西方的传播与接受做详细梳理，道教作为与之相融的宗教文化背景也在介绍之中。

第一节 16世纪末—19世纪初

道教和道家在西方的接受史大致可分为四个主要阶段。早期即第一阶段可追溯到航海和地理发现时代。在16世纪初葡萄牙航海家发现西印度群岛后，意大利传教士利玛窦（Matteo Ricci）、罗明坚（Michele

Ruggieri)、范礼安（Alessandro Valignano）等人便纷纷通过澳门和两广地区来华。中国思想及道家思想在西方的传播最早即是由耶稣会传教士（简称耶稣会教士）发起的。他们以宣扬基督教教义为根本目的，把幅员辽阔、历史悠久的中国呈现给西方。为了更好地宣扬基督教教义，耶稣会教士以适应中国文化为其传教策略，他们师从儒学大师学习汉语和中国文化，甚至模仿和接受儒士的生活方式，使得这一时期的中国形象被打上了鲜明的儒学烙印。"众所周知，耶稣会教士在华传教的成功秘籍主要在于他们主动适应中国儒家思想和文化。近代来华传教的先驱利玛窦（1582年来华）正是这一策略的直接受益者。"[①] 耶稣会传教的主要任务之一是要向人们揭示，儒家思想在早期发展阶段同基督教文化一样属于同一范畴，只是在当时被附加了许多诸如自然主义和神秘主义的诠释维度，因而耶稣会教士试图从儒家传统文化中发现基督教元素。耶稣会教士深入研究儒家经典，与儒家学者交往甚密，儒家对包括道家在内的其他思想流派的疏远与敌意也自然而然地影响了耶稣会教士对道教的接受态度。

在"罢黜百家，独尊儒术"的历史背景下，儒家思想和文化长期在中国占据举足轻重的地位，道家充其量只是作为"旁门左道"而偏安一隅。儒家倡导的国家伦理和个体伦理经耶稣会教士西传，使启蒙运动时期的欧洲从中看到了改良西方社会堕落的良方。受儒学一家独大的影响，耶稣会教士起初也并未将道家思想摆在重要位置。利玛窦显然也持有这一观点。他对道家经典十分轻视，从其著作来看，中国三大宗教他了解最少的便是道教。利玛窦在谈到道教时认为，老子并不是道教的创始人，而只是其偶像的存在："第三种教派叫作老子，源出一位与孔子

---

① Claudia von Collani, Daoismus und Fugurismus: Zur Inkulturation des Christentums in China. In: Adrian Hisa (Hg.): *TAO. Reception in East and West* Bern u. a. 1994, S. 3.

同时代的哲学家，据说他出生之前的怀胎期曾长达 80 年，因此叫他老子，即老人哲学家。他没有留下阐述他的学说的著作，而且好像他也没有想要建立独立的新教派。然而在他死后，某些叫作道士的教士把他称作他们教派的首领，并且从其他宗教汇编了各种书籍和注疏，都是用很华美的文体写成的。"① 关于道教理论利玛窦做了概括："长生是道家的根本目标，这样才能衍生出内丹和外丹修炼的方术；道教主张肉体成仙，精神和肉体一起长生不死，从而摆脱苦难。"② 这一概括并不十分准确，但也大体描绘出了道教的特征。

此外，奥古斯丁修会教士门多萨（Juan Gonsales de Mendoza）1585 年在罗马出版了西班牙文版的《中华大帝国史》，这是 16 世纪一部有关中国自然环境、历史、文化、风俗、礼仪、宗教信仰以及政治、经济等情况的百科全书，该书对中国儒家、道家和佛家思想做了简要论述。耶稣会教士金尼阁（Nicolas Trigault）在其 1615 年以拉丁语翻译和增订的《利玛窦中国札记》的基础上，出版了《基督教远征中国史》，该书对欧洲文学和科学、哲学和宗教等诸多方面产生了深远影响，掀起了欧洲人了解中国的热潮。书中对中国三大传统思潮——儒学、佛学和道学也做了详细介绍。传教士曾德昭（de Semedo）1645 年于巴黎出版的葡萄牙文版的《大中国志》也被反复转译，影响颇大，这是来华的耶稣会教士系统介绍道教和佛教的又一部著作。耶稣会教士、著名学者基歇尔（Aathanasius Kircher）在其 1667 年出版的图文并茂的《中国图说》中也讨论了中国的儒家、道家和佛家文化。基歇尔并没有到过中国，其基本材料来源于利玛窦的札记和卫匡国（Martino Martini）的《中国上

---

① ［意］利玛窦、［比］金尼阁：《利玛窦中国札记》上册，何高济、王遵仲、李申译，中华书局 2010 年版，第 109—110 页。
② 参见同上，第 111—113 页。

古史》两本书，他对中国本土的道教和佛教持有更多的批判态度。① 真正将老子的《道德经》译成西文寄往欧洲的应是比利时传教士卫方济（François Noël）和傅圣泽（Jean Francoise Foucquet）。韩国英（Pierre-Martial Cibot）和钱德明（Joseph-Marie Amiot）是来华耶稣会教士中最后两名对道教进行专门研究的人。前者的贡献在于他对道教内丹术的介绍，后者对道教的印象并不友好，他将其看成一种神秘学、一种巫术的理论和一种招魂术。② 早期耶稣会教士在传教之余，将神秘的东方古国中国的风貌介绍到欧洲，并得到当时启蒙运动时期文化人士的积极响应，德国哲学家沃尔夫（Christian Wolff）和赫尔德（Johann Gottfried Herder）等人都在演讲及著述中表达了对中国的浓厚兴趣。但总的说来，传教士们对于道教和道家思想的认识还处于最初阶段，道教作为中国本土宗教体系和以老庄为代表的道家思想并未受到太大关注。

西方是通过《易经》才开始真正关注和接受道教的。耶稣会教士虽然把《易经》看作是中国的经典文献，但并未将之与道家典籍建立起联系。"道"在西方世界和道家思想之间起了重要的衔接作用。"《易经》是许多耶稣会教士评判道教的基础。虽然《易经》里很少出现'道'这一概念，但在附录里却对天道、地道和人道做了详细论述。"③ 但尽管如此，道教始终未得到耶稣会教士和西方受众的广泛接受。直到后来在中国礼仪之争的过程中，耶稣会在欧洲开始逐渐丧失影响力，这一情形才从根本上发生了变化。按照耶稣会的传教理念，新入教的华人是允许遵从中国礼仪继续祭祖和敬礼的。1742年教皇本尼狄克十四世宣布废止中国礼仪，使得耶稣会教士无法继续推行适应儒家思想和文化的传教策

---

① 张西平：《中国与欧洲早期宗教和哲学交流史》，东方出版社2001年版，第321页。

② 同上书，第326—328页。

③ Claudia von Collani: 1994, S. 4.

略。1773年7月21日，教皇克雷芒十四世宣布解散耶稣会，预示着耶稣会在华传教使命的终结，也无形中为道教在西方被广泛接受开了方便之门。

耶稣会教士倡导的"汉化"传教策略虽因中国礼仪之争而宣告失败，开启从西方神学视角解读中国宗教概念。法国耶稣会教士白晋（Joachim Bouvet）创立的索隐学派正是依循了这一理念，后来道教在西方终获积极评价并广泛传播也要追溯至此。白晋开创的索隐学派重新阐释中国古代文本，以此丰富了基督教文化内涵。从这个意义上讲，索隐学派的典籍阐释在很大程度上消弭了基督教和中国道教之间的不可调和性。白晋的挚友马若瑟（Joseph de Premare）和傅圣泽专注于《道德经》《易经》与其他道家文本的解读，是最早系统研究道教的欧洲人。他们一方面受儒家的影响，从总体上仍视道教为迷信说教；另一方面又将古老、纯粹的道学源头和"阴阳""风水"等道教实践区分开来，奠定了时至今日分别从哲学和宗教两个层面出发的道家思想的接受路径。

由于这种基督教与道教之间的关系建构，西方对道教的理解与接受被明显导入基督教神学的模式框架。索隐学派对道教的阐释与接受主要集中于道家经典文本，"对于白晋而言，老子堪称古代神秘哲学的代表，他是所有玄奥和隐秘的化身"[①]。白晋把《道德经》等同于道教"圣经"，这一比喻在日后的道教接受史上被广为引用。白晋并未将《道德经》全文译出，而是对道教核心概念"道"做了精辟的译注："'道'乃永恒之道，意即天理，本真，万物之根源。"[②] 在当时还没有出现道家典籍译本的情况下，索隐学派的研究无疑是开创性的。在道教的接受史上，许多译者沿用白晋把"道"翻译成"道路"的译法，其中亦不乏《道德

---

① Claudia von Collani: 1994, S. 13.
② Ebd., S. 15.

经》的法文译者犹太汉学家儒莲（Stanislas Julien）。总而言之，索隐学派对道教的阐释和研究模式为后续道教接受史奠定了主基调。索隐学派虽未直接引发 20 世纪初风行欧洲和德国的"道学热"，但却为道教在西方被顺利接受做了前期铺垫。

16 世纪末—19 世纪初是道家思想在西方的第一个接受阶段，这一阶段以推崇儒家思想为主，当时欧洲建筑、园林设计和文学创作中的一系列中国元素便是佐证。唯独德国启蒙作家塞肯多夫（Karl Siegmund von Seckendorff）专门创作过一部描写道教及老庄思想的小说《命运之轮或庄子的故事》，作者打破了时空距离，借用了真实的中国素材，例如"庄生梦蝶"、杜甫与"安史之乱"的故事，借老子之名提出三个问题来探讨人生哲学的问题。只是这部小说虽然出版但并不完整，尽管塞肯多夫在当时的魏玛宫廷中被视为仅次于歌德的人物，小说的影响甚微。①

第二节　19 世纪初—20 世纪初

道家在西方的第二个接受阶段是从 19 世纪初—20 世纪初。这一阶段的上半程是西方真正开科学研究道学之先河的时期。基督教与儒家的中国礼仪之争过后，西方对中国本土宗教的偏见逐渐消除，道家哲学得以进入西方的视野。这一时期对道家接受贡献最大的首推法国汉学家雷慕沙（Jean-Pierre Abel-Remusat），他于 1820 年推出了《道德经》节译本，他选择了《道德经》部分章节进行翻译并加以评论。雷慕沙认为"道"的概念难以翻译，只有"逻各斯"与之近似，包括绝对存在、理

---

① 卫茂平：《中国对德国文学影响史述》，上海外语教育出版社 1996 年版，第 161—166 页。

性和言语这三层意义。雷慕沙于 1824 年在《亚洲丛刊》上发表了《老子的生平与学说》，由此为西方道学研究奠定了坚实的基础。雷慕沙的学生，法国籍犹太汉学家儒莲 1842 年首次翻译并加注了《道德经》全文，将之连同汉语原文一并出版，在欧洲知识界产生了很大的影响。哲学家谢林（Friedrich Wilhelm Joseph von Schelling）在《神话哲学》中就曾评价过雷慕沙和儒莲，并写道：道不是以前人们所翻译的理性，道家学说亦不是理性学说，道是门，道家学说即是通往"有"的大门的学说，是关于"无"（纯粹的能有）的学说，通过"无"，一切有限的有变成现实的有……整部《道德经》交替使用不同的寓意深刻的表达方式，只是为了表现"无"的巨大的、不可抗拒的威力。①

德国人克拉普罗特（Julius Heinrich Klaproth）1828 年用法文翻译出版了满语本《太上感应篇》；1833 年又以法文发表了《关于中国道士的宗教》一文。从 19 世纪中后期开始，德语地区的汉学家开始研究中国道教和道家思想。奥古斯特·普菲兹默尔（August Pfitzmaier）在 1869—1885 年间，先后在《维也纳科学院学术报告》上发表了《道士的长生愿望》《关于道教信仰的某些命题》《中国道教学说的基础》等系列文章。德国第一位《庄子》研究者是在巴黎师从法国汉学家雷慕沙的海因利希·库尔茨（Heinrich Kurz），库尔茨的《关于中国哲学家庄子及他的作品》（*Über den chinesischen Philosophen Tschuangtse und seine Schriften*）一文 1830 年发表于他在巴黎学习期间，这是首次用德语撰写的《庄子》研究文献，具有开创性的意义。② 德籍犹太人传教士花之

---

① [德]卜松山：《时代精神的玩偶——对西方接受道家思想的评述》，《哲学研究》，1998 年第 7 期。
② Hartmut Walravens. *Zur Geschichte der Ostasienwissenschaften in Europa: Abel Rémusat (1788-1832) und das Umfeld Julius Klaproths* (1783-1835). Wiesbaden 1999, S. 103.

安（Ernst Faber）来到中国传教并定居，他对中国文化思想和社会现状的研究颇深，被誉为"19世纪最有造诣的汉学家"。花之安曾把《庄子》从中文译为德文，这是《庄子》第一次被翻译为西方语言，但遗憾的是，这个译本还没等到出版就毁于火灾。他还出版过《中国宗教科学导论》（1873年德文版，1879年英文版）；1884年出版德文版《道教》。他还在上海英文版《中国评论》1884—1885年第13期发表过《道教的历史性质》；1902年在上海英文版《教务杂志》第33卷第6期发表《论道教和儒教》。①

1881年，德国语法学家贾柏莲（Hans Georg Conon von der Gabelenz）在其著述的《汉语文言语法》（*Grammatik der chinesischen Schriftsprache*）中对古汉语语言做了初步的分析和归纳，是西方研究中文语法的奠基性成果。1888年，贾柏莲以《庄子》的语言为载体，继续拓展他的汉语语法研究，发表了《〈庄子〉的文字对中国语法的贡献》（*Beiträge zur chinesischen Grammatik, die Sprache des Chuang-Tsi*）一文。虽然贾柏莲仅从语言学角度对《庄子》进行分析，但这进一步拓宽了德国汉学家对于《庄子》的研究道路，在《庄子》的传播与接受史上具有举足轻重的地位。

新教传教活动和世纪之交（19世纪末和20世纪初）的殖民主义构成了这一阶段后半程的历史背景。从19世纪60年代开始，西方出现了对道家思想的第一次接受高潮，涌现出大量的《道德经》和《庄子》译本，其中有代表性的例如冯·斯特劳斯（Victor von Strauss）的德译本《老子》（1870年），巴尔福（Frederich Henry Balfour）的英语节译本《庄子》（1884年），理雅各（James Legge）的英译本《道德经》和《庄子》（1891年），戈利尔（Julius Grill）的德译本《道德经》（1910年），

---

① 郑天星：《德国汉学中的道教研究》，《中国道教》，1999年第3期。

马丁·布伯（Martin Buber）的德译本《庄子的言论和寓言》（1910年）以及卫礼贤（Richard Wilhelm）的德译本《老子的道德经》（1911年）和《庄子：南华真经》（1912年）。"如果说19世纪西方对东方的关注点主要在于印度教和佛教，那么马丁·布伯1910年在莱比锡岛屿出版社（Leipzig Insel-Verlag）首次推出、后来又多次重印的《庄子》节译本，以及他在译后记中对于道家学说的阐述，就构成了道家思想在西方译介、传播的转折点。在之后短短的两年时间里，卫礼贤的《老子的道德经》德译本和《庄子：南华真经》德语节译本便相继问世。"[1] 布伯的译本《庄子的言论和寓言》主要由翟理思（Herbert Giles）和理雅各的英译本转译而来，而且是第一个《庄子》德语译本。

德国柏林大学东方语言学教授威廉·顾路柏（或称顾威廉）（Wilhelm Grube）于1902年在莱比锡出版了《中国文学史》（*Geschichte der chinesischen Literatur*）一书。在书中"老子和道家"一章里，顾路柏对道家人物和思想做了较为详尽的介绍。关于庄子，顾路柏认为，"庄子不是建立系统学说的思想家，而是中国历史上最富于哲思的人物，最为光彩夺目的作家之一。庄子不仅将中国散文艺术特色达到了前所未有的高度，还具有前无古人的艺术想象力与创造力"[2]。限于篇幅，顾路柏分别对《庄子》第二篇《齐物论》、第十八篇《至乐》、第二十九篇《盗跖》和第三十一篇《渔父》的部分内容进行了论说和引用。[3]

---

[1] Ulrich Linse: Asien als Alternative? Die Alternativkultur der Weimarer Zeit: Reform des Lebens durch Rückwendung zur asiatischen Religiosität. In: Hans G. Kippenberg, Brigitte Luchesi (Hg.): *Religionswissenschaft und Kulturkritik. Beiträge zur Konferenz The History of Religions and Critique of Culture in the Days of Gerardus van de Leeuw (1890-1950)*. Marburg 1991, S. 331.

[2] Wilhelm Grube: *Geschichte der chinesischen Literatur*, Leipzig 1902, S. 154.

[3] 罗炜：《德布林和庄子》，《同济大学学报》（社会科学版），2016年第12期，第7页。

道家在西方的接受主要表现为传教士对中国的报道、出版中国主题的书籍以及翻译道家典籍。因此可以说，道家在西方的接受史同时也是对道家经典文本尤其是《道德经》和《庄子》发掘与翻译的历史。这些译者里不少都具有基督教、新教传教士或者神学家背景，例如在德语区产生重大影响的戈利尔和卫礼贤。他们对翻译中国典籍文本的浓厚兴趣是带有强烈的动机性和目的性的，其翻译活动最终是要服务于西方基督教文化的。这种依循基督教神学范式的道家典籍翻译必然会影响译者风格形成机制和具体翻译策略的选取。

从 1840 年鸦片战争到 1900 年镇压义和团起义，随着欧洲帝国主义列强在中国的野蛮侵略，中国在欧洲的形象也陷入低谷，中国沦为欧洲列强的半殖民地，这为基督教在中国传教铺平了道路。① 这一时期新教传教士随欧洲殖民主义者来到中国，他们聚焦道家，从自身的神学背景出发感知道教精神内涵，比较基督教教义与道家思想，通过翻译道家典籍把老庄哲学引介给欧洲受众。例如《道德经》德译者戈利尔就在《道德经》与《新约全书》之间做了 81 处平行比较，从而得出老子和耶稣精神相通的结论，比如他把《新约全书》里有关"生命永恒"和《道德经》里"长生不死"的阐述做了精确对应。戈利尔并未将核心概念"道"直接译出，而是在译文中用拼音代之，这恰好契合了"道可道，非常道"的老子思想，也体现出后来现代语言学译本的基本翻译原则。尽管如此，戈利尔仍是从自身基督教神学背景出发翻译《道德经》的。早期的《道德经》译本大多具有浓郁的基督教文化色彩，并对西方理解和接受道家思想产生了持续的影响。仅从"道"这一核心概念的众多译法就不难看出，基督教神学理念在最初的道教典籍翻译中已经根深蒂固。

---

① ［德］卜松山:《时代精神的玩偶——对西方接受道家思想的评述》，《哲学研究》，1998 年第 7 期。

就道家经典而言，尽管目前已有多部更为完善准确的译本问世，但不可否认，新教牧师和传教士卫礼贤的道家典籍译本无论在权威性还是在受欢迎程度上，时至今日都令人无法企及。卫氏译本曾被译成英文、法文、荷兰文等多国文字出版，百余年来对德国乃至整个西方的道家接受产生了深远影响，对西方逐渐摆脱耶稣会"汉化"策略、将道教视为"汉学中的汉学"做出了积极贡献。除布伯1910年的《庄子》节译本之外，卫礼贤1911年的《老子的道德经》和1912年的《庄子：南华真经》掀起了道家在德国的接受热潮。虽说卫氏译本是从汉语直接译出的，但人们从他对"道"的译法便不难看出清晰的基督教神学指向。卫礼贤从东西方宗教与文学之间的互文关系出发，从经典文本歌德的《浮士德》里汲取翻译灵感。《浮士德》将《新约·约翰福音》的第一句译成德语"Am Anfang war der Sinn"，卫礼贤认为这里的"Sinn"与老子所说的"道"神形皆似，两者既有"道路""方向"的形意，又蕴含"意识""话语""行为"的神意。为了与一般意义上的"Sinn"相区别，卫礼贤采用其大写形式"SINN"以呼应老子的"道"。1919年出版的《国语和合本》将"Am Anfang war der Sinn"的中文译名正式固定为"太初有道"，卫礼贤德译的影响力由此可见一斑。

自耶稣会教士来华传教以来，道教在西方的接受进程便被打上了鲜明的基督教神学烙印。基督教神学家用利于西方读者理解、为西方受众熟悉的语言表达方式再现中国典籍文本，有效地克服了文化异质性导致的语言障碍。基督教神学家对道家典籍的翻译不仅仅局限于文本层面的语码转换，更是将中国元素植入西方受众所熟知的基督教概念系统。道家典籍文本里蕴含了大量中国特有的文化专有项，它们在西方语言中很难找到等值对应，道家思想最核心的概念"道"即是明证。以卫礼贤为代表的西方传教士和神学家通过深入研读道家典籍，巧妙地构建了基督教文化话语体系及神学概念系统与中国文化专有项及道家智慧之间的互文关系，从而为道学文本的翻译和道家思想在西方的传播与接受扫清了障碍。卫礼贤对道家西传所起的重要作用不言而喻，卫氏道家典籍译本迄今仍是德语图书市场上最受欢迎、影响力最大的译本。

19 世纪末大批新教教士来华传教，这同时也暗示着基督教文化开始陷入危机。许多欧洲知识分子开始质疑腐朽没落的基督教文化，希冀寻求其他精神信仰。由海伦娜·布拉瓦茨基（Helena Blavatsky）等人创建于 1875 年的神智学协会吸引了大批欧洲文化人士，他们以研究神智学、神秘主义和精神力量为主，在英语区和荷兰等地翻译、出版道家典籍，是这一时期道教在西方传播接受过程中一支不容忽视的力量。尽管西方神学家和传教士在传播道教方面依然起着非常重要的作用，但是截至这一阶段，道家思想已逐渐成为西方非基督教文化的一个固定的组成部分。

第三节 两次世界大战之间

西方接受与传播道家思想的第三个阶段正好介于两次世界大战之间，也就是在德国的魏玛共和国时期。德语区乃至整个欧洲之所以在一战后开始广泛接受道家思想，与当时的社会历史背景密不可分。"十九世纪末，以尼采为代表的文化悲观主义倾向抬头并且愈演愈烈，甚至预感到'西方的没落'（Oswald Spengler，1919 年）而达到高潮。"[1] 作为战争的失败者，德国和饱受战火蹂躏的欧洲一道深陷文化悲观主义，进而导致了现代西方世界最大的精神危机。欧洲各国一改殖民时期贬抑中国为"东亚病夫"的傲慢姿态，不再盲目崇信自身基督教文化的优越性，转而对战争暴力和由此带来的生灵涂炭深感失望。正是在这一时代

---

[1]［德］卜松山:《时代精神的玩偶——对西方接受道家思想的评述》,《哲学研究》, 1998 年第 7 期。

背景下，德国民众尤其是具有思辨传统的知识阶层试图从现代文明本身，从自身的文化传统及民族特性中寻找悲剧根源，并从来自东方的古老文化中寻找新的精神寄托。倡导平和养性、主张放弃暴力的道教理念也因此成为当时和平主义世界观的思想基础。"老庄的以静为道的哲学思想，顺应了当时人们渴望宁静的现实要求，其'无为'哲学符合人们憧憬返璞归真的愿望，这对于治疗第一次世界大战带来的普遍沮丧和绝望情绪有着良好的心理疗效。"①面对强调技术进步和利益至上的西方工业文明社会，老庄"天人合一"的哲学思想成为欧洲人摆脱迷惘与幻灭，建立人与自然和谐关系的有效依据。"这时对中国思想的接受出现了与启蒙运动时代第一个接受阶段相类似的局面。启蒙思想家们鉴于三十年战争的灾难性的破坏认为，有道德秩序并崇尚和平的中国优于西方的野蛮。道家热席卷德国。特别是那些有和平主义倾向的思想家将追求和谐、宣扬'无为'的道家真谛奉为典范。"②

德国魏玛共和国时期，随着"生活改革运动"（Lebensreformsbewegung）的出现，德国民众开始从基督教文化以外的其他文化中寻找精神寄托，来自东方的"新宗教信仰"（Neue Religiosität）以及对待身体的另类方式成为这场运动的核心要素。与此相适应，"一战"后德国图书市场对"新宗教信仰"出版物的需求也不断上升。从市场需求出发，出版商欧根·迪德里希斯（Eugen Diederichs）适时调整出版计划，增印了许多涉及"新宗教信仰"主题的图书。早在"一战"前的1911年，从效果史来看意义重大的卫礼贤的《老子的道德经》德译本即由迪德里希斯出版社正式推出。正是迪德里希斯对于德译道家典籍系列的出版贡献，才

---

① 丰卫平：《德国表现主义文学与老庄哲学——试论文化交流中的本位文化心理》，《四川外国语学院学报》，2002年第2期。
② [德]卜松山：《时代精神的玩偶——对西方接受道家思想的评述》，《哲学研究》，1998年第7期。

使得道家在德国的广泛传播成为可能。

道家思想里的生命哲学和养生之道也对20世纪初以候鸟运动（Wandervögel）形式兴起的德国青年运动产生了重要影响，该运动的青年们从身体护理中衍生出一种极端的身体文化形式，即天然主义或裸体主义。德国青年运动也恰恰是通过布伯和卫礼贤的译本，吸收了中国道家学说，并将之与卢梭的"回归自然"美学思想联系起来。作为道家思想和裸体文化的信息传播者，出版商欧根·迪德里希斯在这一时期推出了大量有关道家文化和天然主义即裸体主义的图书，从而无形中在道教和"身体"之间扮演了中介角色。加之在魏玛共和国时期，德国知识分子希冀从东方信仰中觅得拯救基督教文化和西方社会的良方，道家对于人的身体的关注以及独到的修身之术，也与当时德国社会盛行的身体文化不谋而合。这也导致了现代社会宗教信仰的个性化趋势，即主导宗教活动、决定信仰方向的不再是传统意义上的社团和教会，而是游离于集体社会化之外的个体化经历。德国图书市场顺势而为，在20世纪20年代通过推出大量相关主题的出版物，直接催生了道家在德国的第一次广泛传播。大众还从道教这一异域文化系统中学习并接受诸如呼吸技术、冥想、体操、特殊饮食、性技巧等养生之术，以使个人身心乃至整个自我达到完美境界。类似情况从20世纪70年代中后期开始重演，当时道教在德国的第二次接受高潮也同样归功于图书市场的鼎力相助。①

从1918—1927年不到10年的时间里，德国图书市场上道家典籍的翻译文本首次呈明显增势，尤以《道德经》为甚。知名作家德布林（Alfred Döblin）、克拉邦德（Klabund）、黑塞（Hermann Hesse）、布莱希特（Bertolt Brecht）以及心理学家荣格（C. G. Jung）和哲学家海德格尔，皆读过相关译本，受到道家学说的影响。

---

① Oliver Grasmücke: *Geschichte und Akktualität der Daoismusrezeption im deutschsprachigen Raum*. Münster 2004, S. 50.

德国表现主义大师德布林十分推崇道家哲学思想。他曾多次写信求教于布伯，了解中国传统习俗。德布林1915年创作了长篇小说《王伦三跳》（*Die drei Sprünge des Wang-lun*），并称之为一本"中国小说"。在小说中，德布林对道家典籍如数家珍，直接引用道家语录，《道德经》《列子》《庄子》的思想元素在叙事过程中信手拈来。在作者笔下，主人公王伦所经历的跌宕起伏的人生贯穿了道家"无为"的人生哲学，以及"无为"跟"有为"的相互矛盾。此外，小说还对《庄子》里的寓言故事进行了直接借用和改编。小说出版后风行一时，使得道家思想在德国知识界和文学界很快普及开来。"德布林的《王伦三跳》不仅是表现主义最重要的小说之一，也标志着对中国思想和文学接受方面的一个重要进步。"① 德布林在小说里把对西方文明的批判和向往和平的愿景统一起来，以特有的艺术形式推动了道家学说在德国的接受进程，并由此奠定了他在德国文学史上的地位。同为表现主义时期的诗人克拉邦德不仅沉迷于中国唐诗，而且还在创作中融合老子思想。他在1919年的作品《听着，德国人！》里，甚至公然呼吁德国人"按照'道'的神圣精神去生活，使自己成为'欧洲的中国人'"。②

20世纪20年代德语文坛对道家思想的接受，深刻反映出德国社会对战争暴行的内省和对东方信仰的追寻。作家黑塞阅读了大量有关中国古籍的德译本，比如马丁·布伯、卫礼贤等人的译本。黑塞从未到过中国，他对于中国的了解仅仅凭借自己书房里那个小小的关于"东方世界"的角落。在给卫氏译本《庄子：南华真经》写的报纸评论里，他高度评价庄子："在中国的思想家中，庄子是最出色的诗人，文章最光彩

---

① Ingrid Schuster: *China und Japan in der deutschen Literatur* 1890–1925. Bern 1977, S. 168.
② Ebd., S. 171.

照人,同时是最具有勇气和机智的,他对儒家的讨伐,无有其过者。"①同时,黑塞还比较了庄子和老子的不同:"庄子自己个性鲜明,徒弟与信徒的身份不适合他,他语言流畅,给人一种善辩、雄辩甚至诡辩的印象。然而他是一位伟大的诗人、文学家,也是一位比喻大师,这一点我们在老子那儿是找不到的。《庄子》经常显现色彩和亮光,它们的游戏并不完全符合神圣的学说,在老子的纯精神表达中,我们把握不住也理解不了的,《庄子》经常以血和肉显示出来。"②黑塞坚信,中国古代道家思想不再是来自遥远国度的神秘莫测之物,可以基本证实,它们在本质上能提醒和帮助欧洲人走出迷惘和失落。来自中国和印度的东方思想贯穿了黑塞一生的创作生涯,他的所有作品都洋溢着道家和佛教的温良与和善,都闪烁着东方智慧的光辉:如《德米安》里的"雀鹰"有着庄子《逍遥游》中"鲲鹏"的影子;《克林索尔最后的夏天》中一个别名为"杜甫"的诗人赫尔曼所吟诗歌让人想到唐代诗人李白的诗词;《荒原狼》中道家思想的对立统一;《东方之旅》中最终的两极归一,还有其最具东方智慧的小说《悉达多》。1943年出版的《玻璃珠游戏》被评价为"是西方迄今为止唯一一部真正领悟中国思想的小说。……它并非一部中国小说,而是完完全全的欧洲小说,欧洲和亚洲的思想潮流在书中融为一体"③。

布莱希特早年就读过克拉邦德的《灰阑记》,并先后以此为蓝本写过小说和戏剧,他也读过德布林的《王伦三跳》。在魏玛共和国时期东学西渐思潮的影响下,布莱希特对中国文化产生了广泛的兴趣,他也关注道家思想并将之融入自己的文学创作中。布莱希特的戏剧《大胆妈妈

---

① [德]赫尔曼·黑塞:《黑塞之中国》,米谢尔斯编选,谢莹莹译,人民文学出版社2011年版,第126页。
② 同上。
③ 同上书,第13页。

和她的孩子们》《四川好人》和《伽利略传》中的生活哲理就是从老庄哲学演化而来的，其中庄子"材之患"的寓言被布莱希特反复使用。布莱希特不囿于材料，适度发挥，让古老的中国文化闪烁出智慧的光芒。但是布莱希特对于中国元素的吸收也带有一定的目的性，正如雅恩·克诺普夫（Jan Knopf）所言，布莱希特只是从"欧洲世界"角度取其所需，他的理解与中国古典哲学的思想并不完全一致。① 布莱希特对于老庄哲学的接受与借鉴，也只是为了最终去服务社会、投身实践，以期能够引起社会变革。布莱希特对道家的"无为"原则就持批判态度，质疑该原则能否带来预期的社会变革效应。在他看来，人们从道家思想中汲取的不应只是"无为而治"，更应是弱水最终击穿强石的坚定信念。他在1938年流亡丹麦期间创作的叙事诗《老子西出关著〈道德经〉的传说》，寓意着反法西斯斗争虽暂处不利形势，但终将取得胜利。

"19世纪以来的欧洲哲学和文学始终关注现代性的典型特征即意义和目的的丧失。从德国社会学家马克斯·韦伯（Max Weber）开始，现代性与'世界的祛魅'以及以手段为取向的工具合理性的普遍化紧密结合。"② 与儒家哲学的实用和功利相比，道家哲学对效用、益处和目的性的批判，成为欧洲知识分子解决现代欧洲社会中意义的危机和失落的有效手段。

韦伯在《新教伦理与资本主义精神》一书中从比较宗教社会学角度研究了中国的道教。他将道家划为"典型的神秘主义的范畴"③，并认为：

---

① 转引自 Ye, Fang-Xian: *China-Rezeption bei Hermann Hesse und Bertolt Brecht*. University of California, Irvine, Dissertation, 1994, S. 140.
② ［美］奈尔森：《科技和道：布伯、海德格尔和道家》，曲红梅译，《长白学刊》，2014年第1期。
③ ［德］马克斯·韦伯：《儒教与道教》（最新修订版），王荣芬译，中央编译出版社2012年版，第250页。

"老子把道同神秘主义者对神的典型追求联系起来：'道是唯一永恒的，因而是绝对宝贵的；它既是秩序，也是生万物的实在根基，也是一切存在的永恒原型的总体。'简言之，道是神圣的唯一，同一切冥想的神秘主义一样，人可以通过自我绝对脱离世俗的利益与热情，直至完全无为，来分享这种神的唯一。"[1]但是韦伯是从宗教比较角度来研究中国的道教，并没有正确解读对中国文化影响更为深刻的儒家和道家思想，所有他对中国文化的论断表现出一定的片面性，但是韦伯的中国文化研究表明了德国知识界对中国认识的进一步深入。

瑞士心理学家荣格与卫礼贤私交甚笃。荣格曾为卫礼贤1929年出版的德译本《太乙金华宗旨》和1950年出版的英译本《易经》题写序言，因此《易经》在美国风靡一时。在对道家典籍的阅读中，荣格获得了他的集体无意识理论的诸多支撑，找到了与自己心理分析方法的契合之处。荣格高度评价卫礼贤的翻译工作，认为卫礼贤对《易经》的翻译和评述是他最伟大的成就。卫礼贤把中国哲学的核心概念"道"翻译成"意义"，荣格曾这样评价："在我看来，对道的追求，对生活意义的追求，在我们中间似乎已成了一种集体现象，其范围远远超过了人们通常所意识到的。"[2]

这一时期德国哲学界对道家学说的接受开始逐渐趋向正面。当时的哲学家对于中国文化的理解现在看来仍然具有启发性。凯泽林（Hermann Graf Keyserling）虽然在今天已经被人淡忘，但在20世纪初他是一位享誉世界的历史哲学家。他主张与各民族的文化进行直接的接触，在"通往自我的捷径"中实现精神新生的哲学。凯泽林在1911年开始了世界旅行，同年岁末来到中国。凯泽林把他亲临中国的观察和感

---

[1] 同上书，第251—252页。
[2] ［瑞士］卡尔·荣格：《纪念理查·威廉》，《心理学与文学》，冯川、苏克译，译林出版社2014年版，第213页。

受记录在他的著述《哲学家的旅行日记》(1918年)中。此书"以纵览各国文化的开阔视野见长,一如施本格勒所著的《西方的没落》那样广为流行"①。凯泽林赞扬了中国以儒家伦理为主导的社会文化,也积极评价了道家人物,因为道家思想也蕴含着深刻的人生智慧。"孔子和老子为我们提供了实现可能的完美极致的两个相互对立的极:前者实现了外表上的完美极致,后者则达到了思想上的完美极致;前者是有形的完美极致,后者是无形的完美极致;因此,他们二者不可同日而语。"②作为旁观者,中国给凯泽林留下了比其他任何一个国家都要深刻的印象,尽管他对国人过分讲求实际的民族性格以及"庸人之气"提出了批评,但他依然喜爱这个国家,并断言:"尽管中国人所处的自然阶段要落后于我们,但他们在实现人类的理想方面却比我们迄今所得到的走得更远。"③

另外一位不得不提及的德国哲学家是海德格尔。当今学界在海德格尔与道家和老子的关系问题上仍存有争议:有人认为海德格尔是在阅读了布伯和卫礼贤的德译本之后,从道家"无为"思想中获得了启发,从而创立了自己的虚无观;也有人认为海德格尔与老子之间虽思想相通,但并无相互影响之处可循。海德格尔曾多次引用道家经典。他曾谈及道家哲学的"道"和"Loges"这些概念的不可译性:"我们所说的'道'(way)与老子的'道'(dao)是不尽相同的,因此有人把'道'译为'理性、精神、智能或者逻各斯'。"④有证据表明海德格尔似乎更熟悉

---

① [德]卜松山:《时代精神的玩偶——对西方接受道家思想的评述》,《哲学研究》,1998年第7期。
② [德]赫尔曼·凯泽林:《另眼看共和——一个德国哲学家的中国日志》,刘姝、秦俊峰译,福建教育出版社2015年版,第121页。
③ 同上书,第164—165页。
④ 转引自:[美]奈尔森:《科技和道:布伯、海德格尔和道家》,曲红梅译,《长白学刊》,2014年第1期。

《庄子》,他在一次演讲中曾大声朗读《庄子·秋水》篇,从"濠梁之辩"中引出他的"共在"(Mitsein)和"此在"(Dasein)的哲学概念。海德格尔对老庄思想一直保持着关注,两者的联系也是有实质性可言的。他多次引用老庄哲学的意向和观念,道家哲学为海德格尔的哲学世界提供了一个新的维度。

第四节 "二战"以后到当代

道家在西方的第四个接受阶段主要是从"二战"后至今,它是由20世纪50年代以来的哲学研究、禅宗崇信和"垮掉的一代"(The Beat Generation)三方面推动的。德国哲学家卡尔·雅斯贝尔斯(Karl Theodor Jaspers)和恩斯特·布洛赫(Ernst Bloch)继续致力于道家思想研究,实际上他们在研究方法上与第三阶段的德国知识分子一脉相承。与儒家相比较,存在主义哲学家雅斯贝尔斯更倾心于研究道家学说。他在1957年出版的《大哲学家》一书中解读的17位"最具根源性"的世界哲学家中包括了中国的孔子和老子。他将老子视为"形而上思想家",认为理解老子就是理解整个中国的精神世界,老子的局限性也是中国精神的局限性。雅斯贝尔斯称老子的《道德经》是"卓越的和谐之作""一部不可替代的哲学著作"。① 他以道家典籍为依据,论述了"道"的终极地位和哲学内涵,区分了"无为"和"有为"的伦理境界。对于孔子和老子,雅斯贝尔斯认为,尽管二人观察事物和内在立场迥异,但二者也并不是完全对立,如果说他们是对立的两极,那也是"相

---

① [德]卡尔·雅斯贝尔斯:《大哲学家》,李雪涛等译,社会科学文献出版社2005年版,第815页。

辅相成的两极"。① 对于庄子，雅斯贝尔斯评价道："庄子令人赞叹的独创性，他对世界与现世，对语言、对各种各样的心理状态的深入思考，庄子那丰富的内涵使他成为中国最让人感兴趣的作家。"② 显然，雅斯贝尔斯认为庄子在哲学思考的根源上与老子差异很大，过于注重风格而泯灭了内涵。

布洛赫也于1957年出版了他的代表作《希望的原理》，书里专门探讨了由"老子之道"折射出的东方的生存智慧和至善价值，布洛赫甚至把"老子之道"推崇为"亚洲的基本宗教范畴"。进入20世纪50年代，道家思想在西方的接受已明显背离了先前由耶稣会教士、欧洲启蒙运动和殖民时期所主导的模式。之前一度被贬为"迷信"的道教，在这一阶段一跃成为中国宗教及文化思想的精华。

与道家在德语区的接受情况不同，"二战"后风行于美国的文学流派"垮掉的一代"起初视禅宗为其个体信仰的源泉，道家与道教暂时处于从属地位。该流派的叛逆诗人和艺术家把道教当作禅宗的一个分支，并未意识到两者分属不同传统，其中道教比禅宗更为源远流长。1958年，美国"垮掉的一代"代表人物杰克·凯鲁亚克（Jack Kerouac）出版了自传体小说《达摩流浪者》，书中宣扬的绝对自由、追求理想和爱的理念影响了20世纪60年代整个西方一代青年。英国哲学家阿兰·瓦兹（Alan Watts）以推介东方思想而闻名，被誉为20世纪六七十年代西方"新时代运动"（New Age Movement）的领袖。他在1957年出版的《禅之道》一书里，指出禅佛发轫于道家，厘清了禅宗与道家的思想渊源。他的布道与当时寻找替代性宗教和反世俗生活风格的大众心理相契合，受到读者的热烈追捧，因此也促进了道教从美国蔓延到欧洲而被广

---

① ［德］卡尔·雅斯贝尔斯：《大哲学家》，李雪涛等译，社会科学文献出版社2005年版，第148页。
② 同上书，第843页。

泛接受。

　　从"新时代运动"持续至当代是道家在西方的第二次繁荣时期。如果说卫礼贤在"一战"前后通过译介道家典籍，致使道家在西方经历了第一次接受高潮，那么同样具有神学教育背景的阿兰·瓦兹则通过著书宣扬东方思想，为道家的第二次接受高潮奠定了基础。卫礼贤的《易经》被誉为西方世界最佳译本，并有多个语种转译本。其子卫德明（Hellmut Wilhelm）所著《变化的哲学——易经八论》被认为是西方社会研习《易经》的指南。《易经》阴阳对立互补，矛盾双方的辩证运动的主旨符合20世纪70年代嬉皮士运动的生活理念。"一如二十年代那样，'道'又被当作拯救所谓物质泛滥而精神空虚的西方文明之灵丹妙药。这种庸俗化的道家学说成了'新时代运动'的核心'哲学'。它主要取自当时被奉为圣典的《易经》里的'阴阳说'，而非老子和庄子。"①紧随嬉皮士运动之后的"新时代运动"接续先前的文化寻根思潮，反对一神论所要求的整体关联，主张个性化的信仰，"用形式的随意性取代教会、教义、礼仪和固定的生活秩序。在商业消费和个体禁欲、时尚装饰和存在经验之间游离不定是这一运动的基本特征"②。"新时代运动"倡导中国古代宗教和东方神秘主义，追求崭新的生命观和宇宙观，这在该时期大量的出版物中得到了淋漓尽致的体现。这些出版物主题丰富，涉及"占星术、塔罗牌、魔法、亚洲智慧、神秘哲学、心灵治疗、心理疗法，等等"③。当时的图书市场推出了大批道家题材的作品，出版数量从80年代初开始不断增长。随着"道学热"的持续升温，让读者感兴趣的道家元素也日益丰富。

---

① ［德］卜松山：《时代精神的玩偶——对西方接受道家思想的评述》，《哲学研究》，1998年第7期。

② Christoph Böchinger: *New Age und moderne Religion. Religionswissenschaftliche Analysen.* Gütersloh: Chr 1994, S. 104.

③ Ebd., S. 371.

第五节　道家典籍出版动态

以往西方一般把道家学说感知为中国的文化遗产，落脚点多在道家典籍思想和说教。20世纪80年代以后，在民众养生意识的感召下，西方受众对道家的接受开始明显转向包括饮食、健康、性爱、气功在内的"身体"领域。也就是说，西方社会在关注道家精神内涵的同时，极大地拓宽了道家的接受维度，90年代中期以来风行西方的"风水"热即是佐证。

中国思想文化的海外输入首先要有可提供传播信息及内容的途径，这方面最重要的介质是海外图书、报刊、杂志等纸质媒体和互联网等电子媒体。耶稣会教士、新教传教士以及汉学家通过撰文介绍道家思想、翻译道家文本，引发并推动了道家在西方的传播进程。各大书商如著名的迪德里希斯出版社也将中国典籍系列纳入出版计划，为20世纪道家在德接受做出了巨大贡献。离开上述信息提供环节，西方及德国市场都很难形成对道家学说的广泛需求。很明显，源源不断的信息提供唤醒了市场需求，使之保持恒定，并在百余年时间里稳步增长。数百年岁月蹉跎，道教并未从西方受众的意识层面消失，这与图书市场充足的信息供应是密不可分的。从接受史角度来看，道家在德国的两次接受高潮皆发生在1900—2000年间。因此，从文本翻译、随笔报道和图书发行等信息提供方视角对20世纪的道家接受做描述性研究，能够更好地把握参与并影响道家接受过程的各个要素，探究不同阶段接受模式的差异。从这个意义上讲，近现代道家在德国的接受史不啻信息提供与市场需求之间的关系史，勾勒这段历史的发展轨迹实际上也是聚焦道家在德国的传播特点及其动因。

格拉斯穆克（Oliver Grasmück）把在德语区出版的道家文献分为译本和次级文献两类进行了量化分析。一方面，图书市场上的印册和版数可以说明大众对道家思想的兴趣程度和审美接受；另一方面，从内容和主题层面梳理道教文献，能够较为精确地折射20世纪道家在德语区的接受演进。格拉斯穆克从七个范畴，即描写范畴、宗教范畴、心理学范畴、身体范畴、神学与哲学范畴、自然科学范畴、一般范畴分类描述了1900—2003年在德出版的道家图书。

纳入"描写范畴"的道家文献多为介绍道教题材的科普读物或者通俗专业书籍。它们或基于确凿翔实的资料，或是玄奥难懂的文献，或是依循道教接受史脉络，针对某一特定主题或文本展开的专项研究，抑或是着眼于读者预期，旨在唤起大众广泛兴趣的百科式读物。在这一范畴内，德国洪堡大学汉学家莱特（Florian Reiter，中文名常志静）的《道教导论》（*Taoismus zur Einführung*，2000）颇具代表性，它将科学性与通俗性、严肃性与趣味性融为一体，既能系统讲述道教的源起、理论基础和精神内涵，又能使道教与德语读者的日常生活紧密结合。

"宗教范畴"内的道教文献与西方基督教意义上的宗教文献有所不同。此类文献中的道教内涵一方面指涉个体受众的具体生活情境，同时又从整体论和宇宙观的高度观照人的生存境况，以"道"作为宇宙的秩序原则，依循道家思想解读生命意义。这方面比较典型的有卫礼贤《中国人的生活智慧》（*Chinesische Lebensweisheit*，1922）。阿兰·瓦兹《水流之路：道教导论》（*Der Lauf des Wassers. Eine Einführung in den Taoismus*，1976）德文版对20世纪70年代以来道家在德国的接受影响甚大。此外，为数众多的道教文献在尝试对人之存在做出阐释之余，还理解成提供正确的生活方式和处世之道的指南用书。还有研究道教所蕴含的冥想、默念等宗教元素的书籍，比如舒曼（Andreas Schumann）的《心灵之道》（*Das Tao der Seele. Zukunftsweisende Wege zu mehr*

Innerlichkeit und spirituellem mystischem Erleben, 2000）。

"心理学范畴"的道教文献主要探讨并回答大众所关切的具体的生活方式问题。"心理学"类的道教文献一方面专门研究与"道"有关的一般性心理学话题，如博伦（Jean Shinoda Bolen）的《心理学之道》（*TAO der Psychologie. Sinnvolle Zufälle*, 1989）；另一方面尝试针对不同的日常生活情境和个人成就给出合理化建议，如纳格尔（Greta Nagel）的《父母之道》（*Tao für Eltern. Alte Weisheit für moderne Kindererziehung*, 1999）以及科佩尔（Robert Koppel）所著《借助道家策略走向股市成功》（*Durch Tao-Strategien zum Börsenerfolg. Mit mentaler Stärke zum Gewinn*, 1999）。埃德尔曼（Joel Edelman）在和克莱恩（Mary Beth Crain）合著的《谈判艺术之道》（*Das Tao der Verhandlungskunst. Über den konstruktiven Umgang mit Konflikten*, 1995）一书里则以道家的待人接物原则为主线，向读者展示了规避风险、化解矛盾的道家智慧。

"身体范畴"内的道家图书皆从道教理念中汲取健康和幸福的真谛，使读者的兴趣转向身体及其养生。如探讨怎样才能提升性体验，增进夫妻关系和谐，这方面最重要的代表作当数译成德文的张若兰（Jolan Chang）的《爱之道》（*Das Tao der Liebe. Unterweisung in altchinesischer Liebeskunst*, 1978）。此类范畴图书也不乏专门围绕"健康"主题而做，如埃克特（Achim Eckert）的《治愈之道》（*Das heilende Tao. Gesund und im Gleichgewicht der fünf Elemente. Ein Übungsbuch*, 1989）论述如何在"道"的原则下保持精力和生命力，实现身心全面健康。饮食作为道教传统所倡导的延年益寿方术的常规组成部分，也属于"身体范畴"图书的题材。代表性作品如鲍尔（Erich Bauer）和卡尔施泰特（Uwe Karstädt）合著的《饮食之道》（*Das TAO der Küche*, 1994）。"身体范畴"内的道教文献还包括一些涉及太极、气功和风水的著述。

"自然科学范畴"下的道家文献致力于道教与现代自然科学之间

的关联研究。美籍奥地利物理学家卡普拉（Fritjof Capra）的《物理学之道》（*Das Tao der Physik. Physik und östliche Mystik. Ein zeitgemäßes Weltbild*, 1977）当数这一领域最具代表性的著作，是 20 世纪七八十年代的经典畅销书。卡普拉在书中试图揭示西方量子物理学与道家学说的相通之处，在求索对万物之本的认识过程中，道家的"气"与量子的"场"实则同枝同叶、同宗同源。

这一时期还有从神学和哲学维度研究道家传统的文献著述，且这些研究一般不具语文学和历史学特征，而多从内容层面上探讨道家学说以及《道德经》《庄子》等道家典籍。其中代表性著述有罗森克兰兹（Gerhard Rosenkranz）的《中国经典中的圣人》（*Der Heilige in den chinesischen Klassikern. Eine Untersuchung über die Erlöser-Erwartung im Konfuzianismus und Taoismus*, 1935）和邦加茨（Lothar Bungartz）的《庄子的"无为"思想》（*Der Gedanke des Nicht-Handelns bei Chuang-tse. Ein Beitrag zu den staatsphilosophischen Spekulationen des chinesischen Altertums*, 1956）。"神学与哲学范畴"的许多道家文献都是亚洲神学研究者用德语写成的博士论文。[①]

从宏观角度来看，西方传播和接受道家思想经历了从基督教神学为主导的知识模式到多元化为主导的大众模式。自道家在西方接受伊始，耶稣会教士、新教传教士和索隐学派就为道家传播定下了基督教神学的基调，并给予体现道家学说精华的《道德经》和《庄子》极高的关注度和学术评价。西方的道家接受史归根结底都是促使西方理解和吸收道家典籍文本的不断尝试过程。在 20 世纪上半叶，人们对以老庄思想为代表的东方宗教和神秘主义产生了浓厚的兴趣，《道德经》和《庄子》的寓意式说教和神秘主义色彩特别适合读者的多角度解读，利于受众借助

---

① Oliver Grasmücke: 2004, S. 73-81.

他者视域审视自我文化。由此为出发点,西方社会知识界、文化界主要围绕宗教传统、哲学思想和典籍译本三个方面对道家进行了阐释和译介,道家典籍在接受过程中也逐渐被经典化。就道家文本翻译而言,1945 年之前《道德经》和《庄子》译本的出版册数就占道家文献总印量的近半壁江山,此时绝大多数与道家相关的出版物都可被纳入"描写范畴"。到了 20 世纪下半叶,美国"垮掉的一代"、德国青年运动、西方新时代运动促使 70 年代兴起的"道家热"回潮,在保留了传统的对道家文本的阐释和译介之外,人们对道家的兴趣点日益发散,性行为、健康、饮食、健身术等主题图书异军突起,道家书籍的出版进入了多元化时代,无论是出版社数量、出版数量,还是再版次数都不断攀升。在影响力和图书市场占有率方面位居前列的是"描写范畴""身体范畴"和"宗教范畴"的道家出版物。

汉学家卜松山(Karl-Heinz Pohl)对道家在西方的接受特点得出了三点结论:一是在西方道家被接受的过程中显出了令人惊异的应变能力,它含有使它能被西方文化接受的因素,这也导致道家成为时代精神的玩偶,容易流于庸俗化。二是对道家的广泛接受并未建立在扎实的知识基础上,在跨文化借鉴吸收中存在创造性的误解。三是道家被西方文化的接纳也有一个发展过程,如其在中国的发展一样,道家从上层精英哲学和智慧发展成为普通宗教,成了偶像崇拜和巫术。道家成了无须知其所以然的大众产品。[①]可以说,在 21 世纪这种态势可能还会延续,即当代读者对于道家感性层面的关注将会超越对道家传统意义上的"宗教"和"哲学"层面上的接受。一方面而言,形形色色的以"道"之名开展的身体实践无疑会扩大道家对西方大众的影响,使之成为西方社会

---

① [德]卜松山:《时代精神的玩偶——对西方接受道家思想的评述》,《哲学研究》,1998 年第 7 期。

文化生活中的有机组成部分；另一方面，图书市场上流行的东方神秘主义大杂烩是否能被纳入道家包罗万象的宇宙解释系统，或只是出版商出于利益驱使的行为，还有待进一步观察。总而言之，道家在西方的接受与时代的意识形态、价值观念和文化反思息息相关。道家思想的玄妙奥义表现在文本的开放性和歧义性，它所阐发的生活智慧和人生哲理往往使人产生亲缘性，也构成了道家成为西方替代性宗教和替代性哲学的重要基础。

第三章 《庄子》在德国的译介之路

第一节 《庄子》及其德译本概述

老子的《道德经》为中国古代封建君王提供了一整套治国方略，向人们阐述了一个理想社会制度的愿景，它建立于理想的世界秩序与"天、地、人"之间的和谐关系。道家思想并不只局限于治国理政范畴。《道德经》虽有关于人生观的阐述，但并未详细展开，而这在道家的另一部经典著作《庄子》里却得到了淋漓尽致的展现。《庄子》在成书时间上晚于《道德经》，从某种意义上可被看作是对《道德经》所代表的道家思想的继续发展。《庄子》虽然也阐发自己的政治主张，但它不再是充满浓郁政治色彩的道家典籍，而更多地转向对于生死观的诠释。尽管《庄子》蕴含深刻的哲学思想，但它在西方的接受程度和知名度却不及《道德经》，这无疑也是《庄子》特殊的文体结构所致，也给其文本翻译制造了很大的困难。不同于《老子》以格言短句体例所呈现的凝练晓畅、语精意奥、韵散结合的文体特点，《庄子》内容翔实，穿插了大量极富诗性的比喻、哲学短论、逸闻趣事和争辩对话，通篇想象丰富、汪洋恣肆、辞藻瑰丽，且不乏诙谐的文字游戏和寓言式反讽。

《庄子》的思想风格和语言风格一样新颖奇特、相得益彰。如果说《道德经》惯常使用模糊、凝练的表达以刻意营造一种神秘的气息，那么《庄子》里的许多叙事或直率质朴、贴近日常生活，或以形象化手法奇巧地观照繁复的哲学思维。《庄子》文本的哲学意义非但没有隐没在晦涩、玄奥的文字之后，相反，其语言的错综缠绕之美恰恰为深邃的哲学思考提供了广明的阐释空间。同《道德经》一样，《庄子》也非由某一作者在某一时刻挥毫写就，而是由在不同时期创作的众多文本片段汇集而成。其中最为古老、最为核心的章节即"内篇"7篇真正出自庄周笔下，其余"外篇"和"杂篇"多出自庄子的弟子或者追随者之手。今天通行的33篇《庄子》由西晋玄学家郭象编注而成，他对原先的52篇文章大量删减，并进行了适当的增补和改动，同时配以自己的哲学评注。郭象使原文和注解相互协调、彼此对话，无怪乎学界将他的《庄子注》誉为一部原创的哲学著作。

　　道家哲学思想产生和发展于战国及秦汉，及至公元3、4世纪的魏晋南北朝时期，在佛教传入并扎根中土之前，又经历了一段繁荣和活跃期，中国文化及思想史将魏晋时期的这一哲学思潮称作玄学，也就是西方尤其是德国汉学界谓之的道家神秘主义。"玄"字见于《老子》"玄之又玄，众妙之门"。玄学顾名思义就是研究幽深玄远问题的学说。不同于《老子》和《庄子》所体现的经典道家思想，也有别于黄老道学的政治哲学主张，玄学家并非通过著书立说来宣扬自己的见解，而更多的是对历代流传的经籍进行评注和解说。玄学家中最著名的代表人物当数王弼、郭象等人，他们通过评注《老子》《庄子》等道家典籍，向这些传世之作的接受过程导入了一种全新的理解。他们对道家经典著作的阐释如此深入人心，以至于有时人们很难还原评注前的作品原貌和意义。

　　早在战国晚期和西汉年间，庄子思想就已成为人们思忖的对象。随着魏晋时期司马家族的崛起和儒学思想日盛，一批持不同观点的名士被迫退隐山阳县（今河南新乡一带）竹林之下，终日饮酒、纵歌、辩论，研习老庄之学，史称"竹林七贤"。相比王弼对《老子》的阐释，尤其是他赋予"道"和"无"创造万物的无上力量，郭象的《庄子注》充分考虑道家哲学思想的本源性和真实性，倾向于揭示道家精神世界的细腻和敏锐。他反对把蕴含在《庄子》里的道家学说理解成创世叙事，或是对种种宇宙谜团的破解。相反，他通过自己的解读向人们呈现了一张贯穿"清静无为、生死轮回、因果定论"的多维哲学织网。郭象的注解极大地延展了《庄子》的生命力，拉开了《庄子》长达两千多年的效果历史的序幕，给后世思想家、政客、祭司、神秘主义者、画师、书法家和文学家提供了绵延不断的启迪和灵感。继两汉时期对因秦始皇"焚书坑儒"而流失的先秦散文重新进行挖掘和整理之后，隋唐对文献典籍的语文学（文字学、训诂学和音韵学）研究又开始兴盛起来。陆德明鉴于当时经典注音混乱、释义不一的现象，在校理群书的基础上，以考证古音为主，兼辩训义，引用了《周礼》《左传》《孝经》《论语》等14部文献，著《经典释文》30卷，为历代学人所推崇。《经典释义》以解释儒家经典文字音义为主要目的，考虑到魏晋以后玄学影响甚大，故将《老子》《庄子》也收录其中，对推动庄子思想的接受与传播做出了不可磨灭的贡献。唐玄宗于天宝元年诏封庄子为"南华真人"，《庄子》一书因故被尊为《南华真经》，它在道家经典中的地位仅次于老子的《道德经》，自此后世对《庄子》的接受程度不断提高，注家也日渐增多。

自汉唐以来，佛教禅宗在中土形成过程中亦在很大程度上受到庄子思想的熏染。庄子推崇的"心斋、坐忘"等自然观和审美取向与禅宗强调"个人修为、神秘经验、开悟见性"的核心思想极其相似，这使得许多禅者纷纷通过《庄子》内涵理解相对陌生的佛教哲学概念。后世在形成一种空灵自在、逍遥从容的庄禅精神的同时，也进一步推动了《庄子》的接受进程。宋明理学的开山鼻祖周敦颐从老庄"天下万物生于有，有生于无"的哲学思想出发，熔铸了"无极""太极"这两个哲学范畴以及五行阴阳学说，对万物本原的实体特征重新进行哲学加工，在奠定后世理学体系的同时，也间接促成了人们对老庄思想的再认识。北宋元丰元年，蒙城县令王兢首建庄子祠堂，并请当朝著名文学家苏轼撰写了《庄子祠堂记》。文章名为散文，实则为评述《庄子》的议论文，体现出作者对庄子思想的独到见解。苏轼在文中否定了《史记》的观点，认为司马迁并未领悟庄子思想的实质，指出《庄子》对孔子虽有微词但绝无诋毁之意，且不少篇章都在假借孔子及其弟子之口来宣扬庄学思想，同时质疑《渔父》《盗跖》《让王》《说剑》等篇作者的身份。全文夹叙夹议，见解脱俗出奇，对后世研读和接受《庄子》具有重要的启迪作用。明末清初思想家王夫之在其著名的《庄子解》一书中，从"神凝"概念出发解说逍遥、齐物、养生等庄子思想的基本观点。王夫之使理学中的"气"与《庄子》中的"气"融合交汇，提出了以气为本的天人之道。此外，他还对《庄子》文中"三言"（寓言、重言、卮言）的表现特点、所占比例和相互关系进行了梳理，详细分析了它们之间的区别，为后世解读《庄子》扫清了诸多理解障碍。

道教和道家是两个既相互联系又彼此区分的概念。道教作为一种宗教实体，产生和确立于东汉至魏晋南北朝，在时间上要晚于先秦诸子百家中以老庄哲学为代表的道家学派，或者战国秦汉之际盛行的黄老道学。道教中的许多重要元素在历史上和道家典籍里都有迹可循。道教贵生轻死，追求修炼成仙、长生不死。历史上的秦始皇嬴政就曾迷恋长生不死之术，四处巡游求仙。老子同样在《道德经》第33章里言道："死而不亡者寿"，诠释了"肉体虽死，但精神依存"的长生不死之真谛。道教发展至隋唐、两宋时期，其一些重要的宗教特征也同样能够在道家思想和作品里寻得先导。在论及呼吸之法时《庄子·大宗师》里有言："古之真人……其息深深。真人之息以踵，众人之息以喉。"冥想实践在《庄子·大宗师》里也有记载："堕肢体，黜聪明，离形去知，同于大通，此谓坐忘。"此外，庄子关于宇宙"形之最大者为天地，气之最大者为阴阳"（《庄子·则阳》）和自然神灵"乘云气，骑日月，而游乎四海之外"(《庄子·齐物论》)的描述在道教的民间信仰里普遍存在。道教将上述经典教义和宗教实践融为一体,还对道家始祖老子进行了神性处理。成书于东汉末年的道教经典《老子变化经》,就详细讲述了老子投胎转世、数次更名、出为帝王师等内容,是学界研究老子神化过程的重要文献。

道家思想自诞生之日起,便以三种相互交叠的形态发展至今:作为宗教信仰和修持方法、作为哲学流派,以及作为针对道家历史与当下的学术研究。道教虽未能完全突破中国文化区域而在域外广泛传播,但它作为宗教实体却植根于中国社会和民间。随处可见的道观不仅成为吸引参观者的旅游胜地,其宗教礼仪和法术活动的影响力也日渐扩大。20世纪初,世界大战使欧洲陷入空前劫难,西方社会开始普遍质疑基督教信仰,并逐渐对东方文化元素产生浓厚兴趣,以期从中觅得拯救基督教文化的良方。在这种"东方救世说"或者"东方救赎论"背景下,西方社会将特定的道教元素从其所根植的中国社会文化语境中剥离出来,继而杂糅其他宗教和文化元素,由此导致西方语境下的概念"道"与道家经典学说在思想内涵和实践方式上产生差异。

长期以来,中国社会受儒家思想和佛教影响至深,致使道家思想一度遭受遇冷。只是到了20世纪,人们才重新认识到道家思想孕育的变革中国哲学的潜能。中国当代著名哲学家冯友兰通过其著作《中国哲学史》《贞元六书》等20世纪中国学术重要经典,使道家思想融入一种集西方现代哲学思想和中国传统文化于一身的新哲学体系。对他来说,道家哲学尤其是其玄学范畴具有重要研究价值。享誉国际的道家文化学者陈鼓应一生致力于道家思想研究,确立了道家思想在中国哲学史上的正统地位。他撰著的《老子注译及评介》和《庄子今注今译》历经40余年畅销不衰,成为人们研习老庄思想的经典读本。现当代道家思想在中国的持续升温在一定程度上也得益于西方学界对这一古老哲学思想的兴趣。特别是马丁·海德格尔对道家哲学进行了深入系统的研究，这也促使许多中国和东亚学者在关注海德格尔之余重新审视道学源头。正是这种东西方文化交流的反馈效应，催生了在西方被广为接受的中国传统文化元素，在中国的再认识和再发掘。因此可以说，当下中国学术界对道家思想的重新发掘与西方哲学界对它的关注与研究有着直接关联。

《庄子》德译本统计列表

序号	年份	作者	译本	选译/全译
1	1910	Martin Buber	Zhuangzi (Tschuang Tse), Reden und Gleichnisse des Tschuang Tse	选译
2	1912	Richard Wilhelm	Zhuangzi (Dschuang Dsi), Das wahre Buch vom südlichen Blütenland	选译
3	1920	Walter Salenstein	Zhuangzi (Dschuang-Dsi), Gleichnisse	选译
4	1936	Hans O. H. Stange	Zhuangzi (Tschuang-Tse), Dichtung und Weisheit	选译
5	1978	Sylvia Luetjohann	Zhuangzi (Tschuang-Tse), Glückliche Wanderung	选译
6	1996	Karl Albert, Hua Xue	Zhuangzi (Chuang-tse), Die Welt, chinesisich und deutsch	选译
7	2005	Hans O.H. Stange	Zhuangzi, Das höchste Glück	选译
8	2008	Stephan Schuhmacher	Zhuangzi, Das Buch der Spontaneität	全译
9	2009	Henrik Jäger	Zhuangzi, Mit den passenden Schuhen vergißt man die Füße	选译
10	2013	Wolfgang Kubin	Zhuangzi, Vom Nichtwissen	选译
11	2017	Viktor Kalinke	Zhuangzi, Der Gesamttext	全译
12	2018	Oliver Aumann	Das Buch Zhuangzi – Die Inneren Kapitel	选译

上述表格展示了中国道家典籍《庄子》在德国出版的译本情况。

宗教哲学家马丁·布伯在1910年出版了由英译本转译而来的《庄子的言论和寓言》，以优美的文字和跳动的哲思首开《庄子》德译之先河。尽管布伯译本行文编排受到了神秘主义和哈西德犹太教义的影响，但其翻译文化价值不言而喻，在《庄子》德语接受史上有着举足轻重的地位。汉学家卫礼贤1912年从汉语直译的《庄子：南华真经》并非完整译本，卫礼贤依据自己的理解缩减了原作的篇幅，并对原文结构进行了重新编排。卫氏版本采用归化翻译，许多概念和表述都透露出明显的基督教色彩，译本行文流畅，易于德语读者接受，故该译本一版再版，成为百年来《庄子》在德语区的阅读范本。在20世纪初欧洲东方热的浪潮中，布伯和卫礼贤的《庄子》译本影响了一大批德国作家和思想家。

表现主义时期作家瓦尔特·萨伦斯坦因（Walter Salenstein）1920年出版的《庄子：寓言》是由英语转译的改写本，译者旨在让庄子思想成为表现主义者打破陈旧势力、追求思想解放的本真源泉。1936年，具有纳粹背景的汉斯·施唐俄（Hans O.H. Stange）出版的《庄子：诗性与智慧》仅是将布伯和卫礼贤译本结合起来的翻译之作，考据也不甚严谨。2005年，该译本又被改换名目重新出版。上述两个译本在《庄子》的翻译接受史上影响并不大。"二战"结束后，德国学者西尔维亚·卢特约恩（Sylvia Luetjohann）将《庄子》内篇由英文译成德语，题为《庄子：幸福漫游》。卢特约恩的译本在某种程度上压缩、扭曲了《庄子》的原貌，使原作的哲学深度大打折扣。1996年，哲学教授卡尔·阿尔伯特（Karl Albert）和华薛（Xue Hua）的译作《庄子：世界》是汉德对照的普及型版本，译本中的大量注释旨在为非专业读者提供阅读帮助，这也说明《庄子》德译本越来越趋向大众读者的审美趣味。

1998年，德国东方学学者斯蒂芬·舒马赫（Stephan Schuhmacher）推出了《庄子》第一部德语全译本——《庄子：道家智慧经典》，该译本由美国当代汉学家梅维恒（Victor H. Mair）的英译本转译而成。译者在用词上较前人具有明显的现代化风格，并努力尝试以诗句形式再现《庄子》优美的文学品格。鉴于此译本的完整性，我国《大中华文库》将其收录于汉德对照版系列丛书之中。2009年，汉学家亨利克·耶格尔（Henrik Jäger）出版了《忘足，履之适也——庄子读本》。该读本以主题为线，选取相应段落进行翻译和讲解，表明《庄子》在当代德国的翻译已经脱离了传统译本模式。汉学家顾彬（Wolfgang Kubin）在其2013年的《庄子：关于不知》的节译本中，重新调整和缩略了《庄子》的篇章结构，并在目录设置上参考了卫礼贤的译本。顾彬采用的翻译加评述的方法意在让《庄子》在国际比较哲学视域下走进德语世界。

2017年，汉学家卡林科（Viktor Kalinke）推出了长达900余页的《庄子》全译本，这是一部集翻译和评述于一身的集大成著述。译者不仅不惜时力，增添了全文词语的汉德对照翻译，而且译者在评述中还展示了重要的英译评述和中文注本的相关内容。卡林科的译本旨在真实而全面地还原庄子思想，并通过多种翻译形式满足不同层次读者的需求。2018年，东方学学者奥利弗·奥曼（Oliver Aumann）翻译出版了《庄子·内篇》一书，这是目前已知的《庄子》最新德译本。顾名思义，此译本只对原著的"内篇"进行翻译和讲评。由于译者长期在日本从事教学和研究工作，因此在译本中也可洞见东亚地区的《庄子》研究成果。

从20世纪初开始，西方世界对于道家思想的研究日趋活跃，德语区的庄学研究也逐渐开展起来。不可否认，20世纪早期布伯和卫礼贤的译本在《庄子》的德语译介史上具有里程碑式的意义。但遗憾的是二者都不是全译本。当代的舒马赫《庄子》译本虽是完整译本，但是由转译滋生的双重主体性导致了该译本在处理某些文化差异时并不完美。在2017年卡林科的《庄子》全译本问世之前，德语区尚无由汉语直接译入的《庄子》完整译本。在跨越百年的《庄子》翻译文化史中，《庄子》的德译本数量相对较少，且多为节译、选译形式。同为道家经典，《老子》因德译版本数量较多而享有很高的知名度，相关研究成果也颇为丰厚。可以说，译本多少与译本质量无疑是影响德语区庄子思想接受与传播的重要指标。进入21世纪，又有以顾彬为代表的汉学家相继推出了

《庄子》新译本,译者尝试脱离前人传统的译介方式,将文本翻译和文本解析相结合,力图从新的视角阐释庄子思想,为《庄子》在德国的接受创造更为广阔的天地。《庄子》代表性译本在社会文化语境下的形态与功能,译者翻译目的和翻译策略,翻译活动在中德文化交流中所发挥的重要作用等,是我们接下来要讨论的内容。

第二节 马丁·布伯的《庄子》译介

马丁·布伯是世界著名的犹太思想家和宗教哲学家,在人文科学领域影响广泛。早期阶段,布伯曾致力于中国典籍的翻译工作,重要的有1910年在莱比锡出版的《庄子的言论和寓言》,即《庄子》德译本和1911年的《中国鬼怪和爱情故事》(*Chinesische Geister- und Liebesgeschichten*),即《聊斋志异》德译本。布伯进行中国典籍翻译时期正值20世纪初的东学西渐之际,布伯与中国哲学和文学的相遇相识,为20世纪早期德国哲学对中国文化的吸纳与思考提供了经典案例。

在20世纪初的头十年里,第一批中国留学生被派遣到日新月异的欧洲学习。德国大学里出现了越来越多中国知识分子的身影,在学习西方科学和人文知识的同时,中国学子在与当地的交流互动中也把中国的优秀传统文化传递到海外。此时,柏林的弗里德里希-威廉大学开设了东亚语言学系,提供汉语语言学习课程,举办东亚学术讲座,成为德国新兴汉学研究的引领者,马丁·布伯对中国的兴趣正是产生于这个时期,而且他与一位名为王景涛(Wang Jingtao)的大学中文教师交往甚密,这无疑为布伯了解中国文化打开了方便之门。20年代,布伯曾参加过由汉学家卫礼贤在法兰克福大学"中国书院"举办的相关学术活动。作为中德文化交流最有影响力的使者,卫礼贤邀请了当时众多知名的中西学者来书院讲学访谈,如对中国文化和道家思想极为推崇的作家黑塞、心理学家荣格都曾来访。在1951年修订再版的《庄子的言论和寓言》前言中,布伯谈道,他之所以翻译《庄子》里生动形象的故事,意在补充后记里论道教本质的长文。^① 这里需要指出的是,后记中布伯论述的"道"实际上是指学术派别的"道家",而非宗教派别的"道教"。尽管再版时布伯对译文做了部分简化和修正,但后记内容却在布伯历经40余年的人生历程后依然保持了原貌。布伯认为没有必要再对这篇文章进行改动,尽管他在文中的某些观点已发生了根本性的变化。^②

神秘主义与庄子哲学

求学时代布伯曾倾心于神秘主义研究。神秘主义将宇宙视为神性的统一整体,人们可以通过直觉、洞见和启示接触和体验具体知识之外的神秘知识,从而融入无限的统一性的实在。布伯的博士学位论文《个体化问题的历史:库萨的尼古拉和雅各比》(*Zur Geschichte des Individuationsproblems:Nicolaus von Cues und Jakob Böhme*)即是阐述德国哲学家、神学家库萨的尼古拉和雅各比的统一性概念,它有别于西方启蒙运动以来的二元论思想。布伯认为,在人与神的统一所构成的世界本质中,神性力量对于人的个体化实现起到重要作用,所以人的更新与自我决定长期以来是布伯哲学的核心。

基督教神秘主义和哈西德主义是布伯探索神秘主义的主要来源,年轻的布伯就曾因对哈西德教的经典阐释而初显锋芒。"哈西德"在希伯来语中是"虔诚"之意。哈西德学说认为上帝无处不在,神性拥有世界万物,渗透所有并体现在当下,人是连接世俗与神圣的纽带,宗教的本

---

① 参见 Zhuangzi (Tschuang Tse): *Reden und Gleichnisse des Tschuang Tse*. Deutsche Auswahl von Martin Buber Zürich 1951, S. 5.

② Ebd., S. 6.

质不是源于礼仪和律法，而是在于人同上帝建立亲密的体验。这种充满神秘主义色彩的教义旨在激发普通人的虔诚和灵性，促使他们感受日常生活的内在神性，成为哈西德主义者在世方式的情感信仰。布伯似乎发现了道家思想与哈西德教义的共性，当时西方的道家研究者倾向于把道家思想归类于神秘主义和一元论。布伯无疑把庄子视为一个与他研究的哈西德派传道者相似的圣人。在阐释和翻译《庄子》的过程中，他将庄子定位于神秘主义者，反对传统教条的斗士。庄子哲学中神秘性和统一性让道得以完满实现，这也正是早期阶段布伯在解读哈西德主义和复兴犹太教文化中获得的共鸣。布伯曾经表明，他之所以投入对哈西德的研究中，是因为哈西德神秘主义的一元论让他找到了重新恢复统一性的可能性。布伯将神性的本质映射到对人性的要求，通过人与人彼此的关系和责任，让古老的犹太文化不断更新融入现代性世界。即使后来布伯脱离了早期的神秘主义思想，建构了普遍人性的对话哲学，但作为其哲学活动的发展必然阶段，布伯早期思想中的东方认识对他后来的哲学观产生了持续的影响。布伯在1923年的著作《我和你》（*Ich und Du*）中依然详尽地引述了印度教、佛教尤其是道教的思想，以阐释对话关系的原则，在他此后的著述里也是如此。晚年80岁的布伯在其三卷本全集中的《哲学著作》"前言"里也表明，他对中国哲学的论述是其知识和思想发展过程中的重要环节，"（我）在此收录了距我已确实久远的《道之教义》（*Die Lehre vom Tao*, 1909）一文，这完全是我早期阶段的研究，没有它也许就不会有我现在的道路"[①]。

布伯从宽泛意义上去理解东方文化的构成。他认为，同属于东方文化的中国道教、印度拯救教和犹太原始基督教都具有未分化的自然统一

---

① 转引自：Irene Eber: Einleitung. In: Irene Eber (Hg.): *Martin Buber Werkausgabe* 2.3 *Schriften zur chinesischen Philosophie und Literatur*. München 2013, S. 23.

性。布伯对东西方文化的本质区分是他理解中国道教的出发点。他认为，东方精神蕴含了一种基本力量——"教"，这是只具备"科学"和"法"的西方文化所欠缺的。布伯所说的"教"并非知识的叠加，而是达到身心统一、消除自我与世界差异的道路。"教"同"科学"和"法"有着本质的区别，并且不依赖它们而独立形成。"科学的立足点是存在和认识的二元，法的立足点是要求和行为的二元，而教的立足点则完完全全是一元，即必不可少的一。"① 教"以一为目的"，它是不可分离的整体，扬弃了形形色色的对立，在至人身上得到自我满足，在真实生活中成为现实的必然。因此，东方文化有其超越西方文化的认知世界的路径。布伯《道之教义》一文以文采飞扬、思想睿智而著称，完全可以脱离《庄子》译文语境而独立成篇。布伯的传记作者弗里德曼评价说："布伯的后记不在于讲述某种神秘体验，而在于阐释中心之教和中心之人的问题。教是包含生命所有一切的纯粹整体。"②

哈西德叙事与庄子寓言

布伯从庄子的言说方式中意外发现了哈西德的叙事风格。在对18世纪流行于东欧的哈西德教义的编纂整理中，布伯就曾通过对哈西德寓言的改写翻译，还原他心目中的哈西德真实教义，旨在保留其神话力量和诗的本质，让人可以体验式地进入真实的宗教，而非陷入抽象的概念体系。身处世纪之交思潮转向中的布伯，从浪漫派和尼采的著述中汲取诗艺灵感，赋予诗的形式形而上的意义，用寓言、神话、隐喻和符号等艺术手段来诠释更新哈西德教义，展示哈西德教派神秘的世界观。布伯与道教的结缘始于《道德经》，源于老子，虽然后来布伯对道家思想的

---

① [德] 马丁·布伯：《道教》，《德国思想家论中国》，夏瑞春编，陈爱政等译，江苏人民出版社1997年版，第187页。
② Maurice Friedmann: *Martin Buber's Life and Work.* Detroit 1988, S. 88.

解读主要围绕《道德经》，但是《庄子》一书一直是他最喜爱的道家经典。布伯把庄子视为道家思想的传播者："庄子是个诗人，他没有'深化'由老子的言语中我们已知的那个道教，不过将它发展成了诗，并发展成了哲学，因为他像柏拉图那样是个理念诗人。"①庄子借有形之物言说道之"无为无形"，擅用"三言"，行文以"寓言为广"。《庄子》中奇特灵动的想象、巧妙精深的比喻、幽默讽刺的论辩，使得诗意与哲理交融，呈现出独有的艺术特色和深刻的思想内涵。"老子的教如同他的生命一样也是隐秘莫测的，因为这种教最缺乏寓言。"②与老子《道德经》的玄奥冥想、言简意赅相比，布伯更倾向于庄子所表现的在世精神，它以寓言的形式释放内在，一切有形的和无形的都可化为天马行空的故事，看似虚妄又言说哲理。"这种寓言不急功近利，而是保持着自省，它既显而易见，又隐秘至深。"③在《庄子》一书中，现实生活中的隐喻或寓言可以生动有趣地传达出道的教化功能，闪烁人性的光辉和生活的智慧，这与流传下来的犹太教哈西德故事的丰富意象和动人情感一致。奈尔森（Eric S. Nelson）也由此认为："《庄子》表达了一种与他早年在老子思想中获得的单一的、基础性的、反语言的教化不同的方式，这是一种对话式的、以中介为载体进行沟通的精神性。通过语词、比喻和语言的哲学化，庄子将道的教化带回日常生活中来，这在布伯看来，是一种与哈西德派故事讲述者类似的方式。"④

布伯在《庄子》译本标题中使用了"寓言"二字，有其特殊用意。

---

① ［德］马丁·布伯：《道教》，《德国思想家论道教》，夏瑞春编，陈爱政等译，江苏人民出版社1997年版，第213页。
② 同上书，第195页。
③ 同上书，第200页。
④ ［美］奈尔森（Eric S. Nelson）：《科技和道：布伯、海德格尔和道家》，曲红梅译，《长白学刊》，2014年第1期。

布伯从诗艺的形式扩展到了哲学的命题。在他看来，寓言不仅让意义的传达更为日常自然，富含情感表征，而且还承载了"道的教化"的中介功能。布伯评价说："庄子用寓言著书并不能理解为他似乎在借物阐'道'，或'移'道于物。应当说，寓言把教的一带入了整个世界，这样，整个宇宙充盈着教的一。教的一不会因事物之微小而拒绝充满。任何人，只要他不是在盲目热心地传播，而是从本质上领悟教，那么他就能在自身中发现教并使教获得生机。"[①]布伯阐明了寓言的意义，它属于教，是"至人自身之言"，起到万物之间的"中介的作用"，能在日常生活中实现人与道的和谐统一，在持续的更新中达到精神的自由和人性的完满。

译本选篇和结构

布伯的翻译主要参考了翟理思1889年的英译本《庄子：神秘家、道德家、社会改革家》(*Chuang Tzu, Mystic, Moralist and Social Reformer*)，这也是西方世界最早的《庄子》全译本。与翟译有出入的地方布伯则参考了理雅各1891年的英译本。布伯并没有完整译出《庄子》的任何一个篇目，他删除了很多段落，多选译叙述性故事和对话性内容，并有意忽略了行文中庄子的解读之言。与翟理思沿袭中国的评注传统，甚至在疑难地方进行主观性发挥不同，布伯只是偶尔采用了简洁的注释。尽管有以忠实原文著称的理雅各译本为参考，布伯仍然不免在语言二次转换过程中重复了翟理思的翻译错误，但多数情况下布伯在其德语译文里还是修正了翟理思理解上的偏误。此时的布伯已经读过《道德经》的德语及其他语种译本，在1870年德国就有了施特劳斯《道德

[①] ［德］马丁·布伯：《道教》，《德国思想家论道教》，夏瑞春编，陈爱政等译，江苏人民出版社1997年版，第198页。

经》德译本，这些译本的前言或者注释有助于布伯对道家思想的进一步了解。布伯本人也曾提及，他熟悉来自中国的道家经典注本，但并没有明确说出具体书目。可以推断，布伯是在王景涛或者其他中国友人的推荐下关注过相关内容，毕竟在当时的西方世界，郭象的《庄子注》和王弼的《道德经注》还没有被译介过来。

无论是翻译庄子故事还是聊斋故事，布伯都能从中神奇地窥见自己的思想维度。两本小册子给德语读者带来了从未有过的独特的东方文化体验，也吸引了众多有识之士的目光。思想家海德格尔正是在反复阅读布伯的《庄子》一书后，开始了对哲学问题的深入思考。布伯译本不以《庄子》内篇、外篇和杂篇来划分结构，而是依序排列了54个故事段落，并分别拟定了简明标题，其中选取自内篇的有22个，选文较多的有《大宗师》；外篇30个，选文较多的是《知北游》《达生》，其余出自杂篇。与以往内容晦涩的典籍译本不同，布伯的语言优美灵动，广受赞誉。虽然布伯是从第二语言转译的《庄子》文本，但就译语文本在时代的文化语境中所产生的重要影响而言，布伯的《庄子》无疑是创造性的产物。

翻译《庄子》一书正处于布伯思想从神秘主义到对话哲学的过渡时期，从《道之教义》一文中可以寻觅到布伯"我与你"对话关系的前期印记。译本选篇和译文形态也表明，布伯在此融入了自己的哲学理念。他不是完整地还原真实的庄子，而是删繁就简，将《庄子》中能够支持其理论构想、配合其后记观点的故事文本选译了出来。对于统一性和圣人的反复言说，即在人与自然之间建立天人合一的关系，通过"坐忘"与"心斋"、转换与更新达到"万物与我同为一"的圣人修为，对"道"认识论上的理解，对"无为"辩证意义上的对待，以及治国术中统治者和被统治者的关系，都是布伯优先选译的主题。布伯在翻译中不仅有主观性的阐释，也有创造性的误读。布伯的《庄子》译本让德语读者第一次走进了庄子的世界,译文后记里的道家哲学也被布伯融入更为广阔的哲学语境里。在 20 世纪早期西方现代性危机的背景下,布伯对中国道家经典意象和观念的选择性吸纳,无论准确与否,都对其思想发展产生了不可磨灭的影响,成为布伯认识现实世界的参照物,寻求解决时代危机的有效手段。诚然,不同阶段,布伯对道家思想的关注也有所不同。14 年后,德国的精英知识分子经历了"一战"的残酷和迷茫,对来自遥远东方的中国文化依然热情高涨,此时的布伯转向了对《道德经》的阐释,庄子的神秘主义再也无法激发出布伯思想的火花,老子关于社会和国家治理的篇章反而更新了他的视野。布伯并不是将道家文本介绍到德语知识界的唯一之人,他的不同凡响在于,他催生了一场中国古典哲学和现代德国哲学跨越时空的对话。

布伯对"道"的阐发

作为万物归结的统一本原,"道"贯穿了庄子的哲学思想。布伯选译了《天地》中"泰初有无,无有无名"一段,题为"宇宙论",《知北游》中"知北游于元水之上"的故事,题为"三个回答",此篇还译有三个对话,分别为"舜问乎丞曰",题为"占有","东郭子问于庄子曰",题为"道之所在","于是泰清问乎无穷曰",题为"不可知的道"。布伯选译内容以神秘莫测的寓言和戏谑诗化的语言展示了"道"的存在方式,这也正是基于他对"道"的基本理解。庄子所谓的"道"是玄虚不可捉摸的,充满了神秘主义色彩。布伯在"译后记"里也论述了道教昭示了"'道''道路'以及归一了的生命的始源和意义是万物之始,万物之意义"[①]。"万物自身的统一构成了万物各自的本性与本质,这就

---

① [德]马丁·布伯:《道教》,《德国思想家论道教》,夏瑞春编,陈爱政等译,江苏人民出版社 1997 年版,第 198 页。

是物的道，万物的道路，万物的整体。"①

布伯对于道的本体论理解和他所阐释的哈西德教义在此有了交汇点。身为犹太哲学家的布伯善于运用哲学概念和原理让古老的犹太教教义重新焕发生机。哈西德和锡安主义时期，布伯在认知视野上形成了区别于《圣经》神论的另一种形而上学的本体观。哈西德教义认为，在所有的事物中都存在着人与神的关系，人要在日常生活的每一个细微之处去感受神性，与神相遇，转向于神，才能在行动中获得生命的本真意义和纯洁信仰。这相当于布伯所理解的存在于世间万物的"道"，它是宇宙内在的、固有的本原，因为"存在的全部意义就在真实生命的统一之中，而且也只能在统一之中被获悉。如果把它当作绝对来理解，那么它恰恰正是这个统一"②。布伯认为，道家言说和哈西德教义都表达了追求内在超越和消除一切分裂的诉求，它见诸人的行为和万物的变化之中，并通过榜样的作用和师者的力量来引导实现。

布伯在"译后记"中把能够体验道、知晓道和获得道的人统称为"中心之人"（der zentrale Mensch），具体体现在《庄子》里那些具有理想人格和最高境界的"至人"（der Vollendete）、"真人"（reine Menschen）、"神人"（der geistreiche Mann）、"圣人"（der Berufene/der Weise）身上。"中心之人"能够超脱死生观念，超越世俗道德，深谙养生之法，拥有超凡的能力。布伯在此选译了《庄子·大宗师》第一篇"知天之所为……"一文，题目为"真人"。《庄子》全书中，"真人"一共出现了19次，其中10次集中于《大宗师》。"真人"与天地精神相往来，超越了感官经验的局限，顺应了大道，获得了真知。那么怎样做才是"真人"呢？布伯在"译后记"里这样写道："作为一种有目的的

---

① ［德］马丁·布伯：《德国思想家论道教》，夏瑞春编，陈爱政等译，江苏人民出版社1997年版，第202页。
② 同上书，第200页。

未分状态，道以自我满足为目的，它要实现自身。在人的身上，道可以达到它在世界以及事物中所无法达到的那种纯一。"① 成为"真人"，掌握"真知"，能够做到无物我之分，无功利之负，是基于一种内在的精神体验，它显现于万物，实现于生活之中。在布伯看来，这种统一的道不仅体现在本体论或认识论的哲学范畴上，而且它还能够给人以更新的力量。领悟了《庄子·秋水》篇所表达的绝对与相对、无限与有限的辩证关系，布伯这样解释道："因为我们所能及的延伸只是相对的，而非绝对的。所有的大小尺寸都只存在于一定的关系之中。"② 所以，人们可以努力突破自身的认识局限，扩大自身的认识能力，达到最大的精神自由。究其根本，道就是"将人生的活力原则超验化"。③ 布伯在《庄子·大宗师》中相继翻译了四个寓言故事，分别将其命名为"阶段""四个朋友""死者之歌"和"道路"，有喻有证，跟随原文追循大道可宗可师的主旨。道是不可知之物，只有在"归一的生命"中才能获悉，"是真实的人生道路的统一，归一者在世界上，在万物中重新寻获这种统一，此乃世界统一之道，万物统一之道"④。

布伯在庄子这里无疑遇到了哈西德传奇中那些完美的人，他们可以感受到身体和世界的万千变化，克服空间与时间的阻隔，实现回归统一的生命。这和道家天人合一、物我交融的思想有契合之处。"道至纯一的人是圣人，在其身上，道不再是一种显现，而是存在。"⑤ 哈西德教义的核心"上帝在人间"体现在神性的火花照耀在人的每一个行为、每一

---

① ［德］马丁·布伯：《道教》，《德国思想家论道教》，夏瑞春编，陈爱政等译，江苏人民出版社1997年版，第205页。
② 同上书，第206页。
③ 同上书，第200页。
④ 同上书，第201页。
⑤ 同上书，第205页。

件小事上。神圣和世俗不是分离的二元，所以人要克服理性和规范所致的内在分裂。正如布伯所认为的，在人渴望与神建立交流联系之时，神就会显现在人所需要的地方。人与人、人与物、人与神之间存在的应是统一关系，只有在彼此的相遇和对话中，本真的生命才会与神同在，人才会找到存在意义的源泉。

在布伯的宗教哲学里，两重性和统一性是他一直言说的问题。布伯在《我与你》开篇即言，人对待世界之所以有两重性是因为世界具有两重性，一是经验之世界；二是关系之世界。[①] 在经验世界可用"我—它"关系来表示人对世界、主体对客体的分离关系，在关系世界可用"我—你"关系来表示人和世界万物之间的统一关系。布伯由此提出了相遇哲学的"我—你"对话关系。在"我"与他者的"相遇"中，要彼此寻求与对方的统一性，视对方为"你"而不是"它"，形成你我之间的真正对话，即"言谈"，这既可让彼此保持各自的特点，又能建立充满张力的交流互动。正是在人与人的关系中，人可以脱离自我偏见，面向世界，向世界敞开，以自我的最大更新，获得世界的永恒更新。这是布伯所提出的犹太文化复兴之路，也是普世的人类共同体验，它存在于每个人"之间"的关系中，在"永恒的你"的世界里。可见，布伯对《庄子》文本进行翻译和阐释时，是用道家中人与道的关系来支持哈西德教中人与神的关系，即在万事万物的相遇和对话中追求精神性自由，从而给出了区别于现代欧洲文化以自我为中心的世界认识模式。

布伯对"转化"的阐发

"转化"是布伯在《庄子》文本中选取的重要主题。"转化"首先体

[①] [德]马丁·布伯：《我与你》，陈维刚译，生活·读书·新知三联书店2002年版，第4页。

现在生死观上。庄子认为要达到最大的精神自由，首先要认识到人和自然界其他事物一样，都要经历由生至死的道路。死生存亡犹如昼夜交替，是自然而必然的规律，因此没有必要悦生而恶死。"夫大块载我以形，劳我以生，佚我以老，息我以死。故善吾生者，乃所以善吾死也。"（《庄子·大宗师》）。布伯选译了几篇讨论生死观的寓言，分别为《老聃之死》（《庄子·养生主》）、《四个朋友》（《庄子·大宗师》）、《死者之歌》（《庄子·大宗师》）、《庄子妻死》（《庄子·大宗师》）和《骷髅》（《庄子·至乐》）。布伯在"译后记"里准确地总结了道家的生死转化与大道的关系："死是一种解脱，是向新形体的过渡，是片刻的休眠，是在两个世界生命间的内省。一切都是在永恒这座'大屋'中的生成和变化。在一物的此在中，分与合、变化与统一相互交替，同样，在世界的此在中生与死也互相交替，这种交替的总和才体现出变化中的统一。这种永恒的道是对一切表象存在的否定，它也被称作为无。"① 布伯还写道，庄子的寓言故事和欧洲文学也产生了共鸣，例如"庄子骷髅"的故事同哈姆雷特在教堂里的独白不仅是外在形式的相似，也体现了内在的共通之处，那就是"通过谈论不朽之死的对话最终寻获与痛苦、孤寂、忧伤相对的那种追求死和再生的至乐观"②。

"转化"是生命永恒的更新过程。庄子认为，一切矛盾对立的双方，诸如生死、贵贱、荣辱、成毁、小大等，从道的角度来看并无差别，二者相互依存，互为因果，对立而统一。"天地与我并生，而万物与我为一"，庄子将万物与人并举，在对自然现象的奇异想象中，人和万物的关系表现出了相通、交互和可转化的特征。布伯的宗教哲学一直坚持自我的重生与转变，人的更新与行动，这并不是标榜自我本位的立场，而

---

① ［德］马丁·布伯：《道教》，《德国思想家论道教》，夏瑞春编，陈爱政等译，江苏人民出版社1997年版，第203页。
② 同上书，第213页。

是注重人与世界的共同分享，人在世界上的再创造活动。所以"转化"对布伯而言不仅是静态的物质呈现，更是动态的自我生成，布伯选译了《齐物论》的两个段落，以梦境为喻来表现庄子的转化命题，但又赋予其更为主动的含义。长梧子与瞿鹊子关于梦境与现实的讨论其实对"庄周梦蝶"的寓意做了解释性的铺垫。庄周在梦见自己化身蝴蝶后突然醒来，迷惑于庄周做梦化为了蝴蝶，还是蝴蝶做梦化为了庄周。从译文中的人称翻译即可得知，布伯是从主客体的关系而非纯粹的转化关系来介入文本的。首先，原文中并没有出现第一人称代词"我"，而是以"庄周"和"周"的第三人称视角来讲述故事，但在布伯译文里却出现了 10 次"ich"（我），甚至在"则蘧蘧然周也"的"周"处也以"ich selbst"（我自己）来凸显"我"的感知。同时，他又添加了无原文对应的副词"wieder"（又），表现出作为主体的我对于过去的回忆与确证。布伯还使用了 3 次名词"Mensch"（人）来代替"周"，而"人"也是原文中并未出现过的语素。这样，一个旁观者讲述的故事转而成为一个自述者的主观感受。这无疑偏离了"庄周梦蝶"原文表达的于转换之中不可确知的寓意，因为庄周和蝴蝶就如同现实与梦境一样，是相互转换而互为主体的。由此可见，布伯并没有遵循以忠实为目的的语文学翻译原则，而是从哲学主体性的高度来处理文本意义。对主体性的关注长期以来是西方哲学的传统。布伯视道为万物发展和自我转化的本体论基础，并由此讨论了道的显现。在他看来，道的统一不仅存在于表现形式，更为重要的是它要在转化中不断生成和内化。在这一动态过程中人不是被动的对象，而是要主动地创造自我，因此道的实现就是自我的实现。"所以，能充分昭示道的不是那种其生活道路一成不变的人，而是那种使玄同与巨大变化融为一体的人。生命有两种：一种浑浑沌沌，得过且过，日渐耗损直至生命之火熄灭；另一种则是永恒的变化，并在精神上构成变化的统一。按照道教观，意识决定存在，精神决定现实，因此，只要在生活中不自耗，只要坚持不懈地自我更新，并以此在变化中而且通过变化保存自我——这个自我不是固定不变的存在，而是路，道——就能获得永恒的变化，并能保持自我。"①

翻译本质上是语言和文化的复杂转化行为。翻译文化视角下的文本并非是静止的成品，而是互动开放的产物，身为译者的布伯同时也是原作的理解者，理解者的主体性因素在翻译过程中发挥了重要作用。译者对文本的理解不在于重塑作者的原意，而是将自己的知识与文本建立共识的关联。源语文本与译者之间形成了循环往复的"问—答"模式，从而在持续更新的对话关系中生成可能的意义和阐释的空间。布伯通过强调人这一主体在世界转化过程中的能动作用，进一步拓展了源语文本的阐释空间。由此不难理解，布伯将"物化"译成宗教色彩浓厚的"Wandlung"一词。"Wandlung"不仅是指能量的形式转换，还有圣餐变体论中饼和酒转化为圣体和圣血的意思。作为宗教哲学家的布伯，使用神学语词来解释万物的转化，没有选择更为中性的词语表达，是其所处的宗教传统和哲学传统构建了他的前见，在与《庄子》文本相互对话中不断开放彼此的视域边界，从而形成了视域融合和新的理解，这也可视为一种创造性误读。

布伯对"无为"的阐发

与儒家"虽千万人，吾往矣"积极进取的人生态度不同，道家则秉承一种隐逸无为的处世思想。但这并不是表面意义的消极避世，而是蕴含了与现实社会相关联的社会理想。所谓"无为"并非指无所作为，而是不妄为，顺其自然所为，才能有所大为。天地万物本然无为是因为道

---

① ［德］马丁·布伯：《道教》，《德国思想家论道教》，夏瑞春编，陈爱政等译，江苏人民出版社1997年版，第202页。

生万物，人与宇宙的天人合一是道法自然的体现。正如布伯所理解的"无为"合乎万物的本质与规定，合于道，因此"无为"命题在布伯的译文里出现频率也最高。译本的第一篇故事就以"无为者"名篇，这也并非偶然。

与老子主张救世的无为之治不同，庄子是从对个体的本真精神和人性的圆满完善出发，从而过渡到对无为而治的思考。布伯翻译了《庄子》为数不多的治国篇章。例如选自《庄子·在宥》篇以"过度与无为"为题的译文，君子不得已治理天下时最好是无为而治。无为然后才能安定本性，如果精神活动合于自然之理而从容无为，就如同万物自由自在，那就无须人为治理天下。庄子善用奇异的浪漫主义手法渲染题旨，布伯也深谙庄子重神轻形的艺术。他从《庄子·德充符》里连译了王骀、申徒嘉、叔山无趾三个形体残缺之人的故事，说明众人所归依的是视万物为一致，没有丧失本真之心的人，他们就像平展而极致静止的水，内德不外荡，万物自来亲附而不会离去。选自《庄子·应帝王》"治理国家"的故事说到天根向无名人请教治理天下的方法，被告知要顺从自然法则就能大治天下。布伯将统一性视为权力与统治者的本质："唯有一才是真正的权力，因此归一者是真正的统治者。"① 真人的行为准则自始至终贯彻了无为思想。道常无为而无不为，圣人"从不干涉众生，不强加万物任何东西，是'自辅万物之自然'。他以自身之一引导万物至一，从而使万物的本质和规定顺任自然，并释道乎万物之中"②。

在"译后记"里布伯专门用一节的篇幅，引用老子的《道德经》来阐述治国之道。布伯认为，道被视为人类共同生活中统治者与国家关系的最高准则。国家作为人的共同体是天然形成、自我规定的。人们所谓

---

① ［德］马丁·布伯：《道教》，《德国思想家论道教》，夏瑞春编，陈爱政等译，江苏人民出版社1997年版，第210页。
② 同上书，第210页。

的治理国家,其实是在破坏国家,干预了国家自然的生命。"无为"是君主行为的准绳。"治理国家就是顺应现象本身具有的自然秩序。……真正的君主以'无为'而治代替权力,以将民众从统治者的暴虐中解救出来。他对一切的影响,是潜移默化的,因为他的影响与所有人的原初本性相符。"① 君主是人间为道的实施者,要把民众从束缚中解放出来。"在背离正道的国家里,无人能够做到以自己的方式独立行事,人人皆受到多样性的统治;真正的君主就是要解救民众摆脱这种统治,他抽去多样性的多,任人自我发展,任集体自我管理。"② "译后记"里布伯对于君主治国的分析主要基于对老子《道德经》无为而无不为的理解。老子与庄子在此问题上见解有何不同,并不是布伯本人关注的。庄子强调的是统治者要与世界万物融通于道,而布伯的统治者则是引领世界实现道的人。1942 年,布伯还把《道德经》里有关君主治国的 8 篇内容翻译成希伯来语。事实上,庄子更为关注社会生活和人性人格的问题,相对于积极肯定、参与和改造现实,庄子避世和游世的做法无疑是消极的,但这又建立在对自身精神世界的追求之上。此时的布伯试图从《庄子》文本里找到类似哈西德教派的教化故事,以佐证自我主张,即他在哈西德教义、犹太复国主义以及之后的对话哲学中一直探讨的社群主义观点。一个真正的共同体,无论是社区还是国家,不是通过强权组织而是通过共融关系来实现的,而这也正是布伯从翻译《庄子》文本中获得的启发并加以发挥的地方。"只有发现同一并以它为出发点,观察万物自身及相互间同一的人,才能做到这一点。"③ 此处可以清晰地看到布伯对话哲学的前奏,只有建立统一性的人与人、人与世界的关系,万事万

---

① [德]马丁·布伯:《道教》,《德国思想家论道教》,夏瑞春编,陈爱政等译,江苏人民出版社 1997 年版,第 211 页。
② 同上书,第 212 页。
③ 同上书,第 211 页。

物和谐自在，世界才会呈现本真的面貌。

《庄子的言论和寓言》出版于布伯编写《哈西德教派传奇》之后、发表《我与你》之前。在这本1923年出版的影响深远的哲学著作里，布伯反思了人类的历史文化，对近代西方哲学进行了深刻批判。1928年，布伯在卫礼贤主持的"中国书院"做了题为《中国与我们》的演讲，指出中国道家智慧可以帮助西方人克服现代性精神危机，道的教言可以启发欧洲人摆脱以我为中心的功利性，重塑对历史成功的正确认识。布伯认为，近代西方社会充斥着主客体二分的世界观，崇尚征服自然与技术进步，"工业化、技术化和机械化"导致现代人在世界上的根基丧失，面临险境却又无力自拔。就像人们攀登高峰时背负了沉重的十字架，要么与之同达顶峰，要么与之共落山崖。但此时的欧洲人没有退路可选，必须穿过黑暗之门去承担、忍受和战胜它。布伯表示："我相信我们可以从中国思想中接受道家'无为'的生活方式。而且还是因为我们是在负重道路上，在完全相反的消极状态下学习到的这一点。由此我们开始意识到，成功本身不具有任何结果。我们怀疑历史成功的意义，即人的效用性。典型的现代西方人为自己设定目的，努力实现这个目的，积累强有力的手段并发挥其作用。我们开始怀疑这种人生的存在意义。"① 在布伯看来，西方现代文化中所谓的历史性成功都是表象，是对实现的放弃。真正的成功是不干预的自守显现，是无为而无不为的强大存在。老庄哲学革新性、抗拒性的原初教化能够拯救被历史进步所蒙蔽的西方人性，能够照耀自我与他者、自我与世界的关系，并成为人类生活的必然组成部分，潜移默化、历久弥新。

---

① Martin Buber: China und wir. In: Irene Eber (Hg.): *Martin Buber Werkausgabe* 2.3 *Schriften zur chinesischen Philosophie und Literatur*. München 2013, S. 288.

第三节　卫礼贤的《庄子》译介

与马丁·布伯同时代的德国汉学家卫礼贤在中西文化交流史上的功绩可谓厥功至伟，他翻译的中国古典文献至今仍在德语地区广为传播，甚至被转译成多种欧洲语言，是西方读者了解中国文化的必读书目。此时期中国文化的东学西渐与卫礼贤集著译于一身的治学风格、广泛的翻译选材以及深入的中国文化研究密不可分。1899 年，卫礼贤作为基督教同善会牧师来青岛传教，他在中国生活和工作长达 20 余年，从开始学习中文到精通中国文化。1901 年卫礼贤建立"礼贤书院"，后来兴办"尊孔文社"，成立藏书楼，聘请中国的旧文人和新式知识分子担任教员。辛亥革命后，卫礼贤结交了一批避居青岛的清代文人墨客，这些人很多是科举或者翰苑出身，学识丰富，且是倡导"儒家"传统文化的代表性人物。在这些饱读经籍的清代学者影响下，卫礼贤开阔了学习和研究中国传统文化的视野，对中国思想史和中国社会生活有了进一步的理解，并"以儒家文化为主线，以其他思想文化领域为辅助，卫礼贤形成了自己独到的中国文化观。这一文化观的最突出特征是：与当时占主流的欧洲中心论、欧洲优越论不同，他对中国文化给予了积极的肯定和高度的评价，不仅肯定这一文化在中国和整个东亚文化圈的历史与现实意义，而且承认它对欧洲乃至整个西方世界的启示与借鉴价值，字里行间流露出他对中国文化的崇敬与热爱"[①]。

1912 年卫礼贤在耶拿出版了《庄子：南华真经》一书，这是迪德里希斯出版社（Eugen Diederichs Verlag）与卫礼贤合作出版的系列丛

[①] 蒋锐：《东方之光：卫礼贤论中国文化》，蒋锐译，外语教学与研究出版社 2007 年版，第 11 页。

书《中国宗教与哲学文献》之一。除了修订再版的《论语》之外，该系列丛书还出版了中国典籍《老子》《列子》《孟子》《易经》《吕氏春秋》。这一宏大的图书出版工程虽未全部完成，但对德语世界接受中国古典文化起到了强力的促进作用，也扩展了卫礼贤在欧洲的汉学活动影响。卫氏译本不仅被转译为其他文字，有的直到现在仍然再版。作为第一部由汉语翻译为德语的《庄子》译本，立足于原典的译文为德国汉学的发展和道家学说的传播提供了进一步的契机。1928 年卫礼贤还在《中国学报》(Sinica) 发表了介绍庄子的论文，即《庄子生平和著述》(Über Leben und Werk des Zhuang Zhou) 以及《神秘主义者庄子》(Dsung Dsi, der Mystiker)。

译本选篇与结构

《庄子》译本付梓时，卫礼贤表达了他在研读中国道家经典时遇到的困难。从古至今对儒家学说的评述可谓比比皆是，因此人们对儒学多不会产生太大歧义。但是有关道家经典作品的评注却凤毛麟角，且评论者多局限于复述原作思想，少有对典籍原文的语法和语文学注解，这都构成了翻译工作的不利因素。卫礼贤在译者序中坦言，他的译本主要是基于自身理解对《庄子》的再现。[①]虽然他参考了包括郭象在内的 5 种注本，在翻译《庄子》期间，如果遇到仍然难以解释的疑惑之处，他还会向身边的晚清文人和饱学之士请教。卫礼贤在中国青岛生活了多年，创办礼贤书院开展新式教育，组织文社宣扬儒道思想，热衷研读推广中西文化交流。其间他有幸结识了国学造诣颇深的晚清学部侍郎劳乃宣。卫礼贤在翻译《庄子》期间，不时就一些难僻疑惑之处向包括劳乃宣在

---

① Dschuang Dsï: *Das wahre Buch vom südlichen Blütenland. Nan Hua Dschen Ging*. Aus dem Chinesischen verdeutscht und erläutert von Richard Wilhelm. Jena 1912, S. VII.

内的中国学者请教咨询，对此他也在译者序里专门致以谢意。在这样的历史文化语境下，卫礼贤将他的中国典籍外译事业逐渐发扬光大。

尽管此书并非全译本，但是在内容丰富性上已经大大超越了1910年布伯的德译本。卫礼贤在基本框架上遵循了《庄子》的成书体例，主要选译了《庄子》33篇中的27篇，调整了杂篇篇目，即删减了28《让王》、29《盗跖》、30《说剑》、31《渔父》，将32《列御寇》"庄子之死"的故事紧接27《寓言》末尾合为27。剩下的33《天下》是对先秦主要学派的评述，是因为在译本导论中专有一节论及相关内容，因此也被删去。① 整体《庄子》译本由前言、导论、中西文参考文献、"庄子左手揽抱《南华经》"画像、正文、导论注释和正文注释7个部分组成。② 译者还在每一章节前撰写了阅读引言。卫礼贤十分赞同苏东坡在《庄子祠堂记》中提出的"庄子盖助孔子者"的观点，即"得其《寓言》……去其《让王》《说剑》《渔父》《盗跖》四篇，以合于《列御寇》之篇……是固一章也"③。这正符合卫礼贤尊孔复古的理念，为他划分译本章节找到了前人依据："这四篇与其他部分风格迥异，内容上也确无新意，所以不再赘述。"④ 如果原著书中内容有相互重复矛盾的地方，或者是在卫礼贤1911年所译的《列子》一书里出现过，卫礼贤会采取不译策略，在目录上会余留空白，并在正文里加以文字说明。要么标明与本书重复的章节数，要么标明与《列子》重复的章节数和题名。即使保留下的章节卫礼贤也不是照搬全文译出，例如在内篇首章《逍遥游》中，卫礼贤

---

① Dschuang Dsï: *Das wahre Buch vom südlichen Blütenland. Nan Hua Dschen Ging*. Aus dem Chinesischen verdeutscht und erläutert von Richard Wilhelm. Jena 1912, S. 245.
② 罗炜：《德布林和庄子》，《同济大学学报》（社会科学版），2016年第12期。
③ 苏轼：《苏轼全集》（全三册）（中），傅成、穆俦校点，上海古籍出版社2000年版，第873页。
④ Dschuang Dsï: 1912, S. 245.

就对内容进行了缩减，并重拟 5 个小标题分配寓言故事，以便读者阅读理解。从汉语原文起始"北冥有鱼，其名为鲲"到"汤之问棘也是已"的内容全部删去，而"穷发之北有冥海者，天池也"则成为卫译本的第一句。卫礼贤对此的解释是："第一段有两种行文，第一个版本中插入的评论，让欧洲读者的思路很难跟得上，所以弃之不译。"① 在卫礼贤看来，翟理思译本虽然给大众提供了可读性文本，但是译者个人主观色彩浓厚，注释过于简略。理雅各的译本虽然极为严谨周密，但是译者对于庄子的认识并不客观。② 作为中文译者和汉学研究者，卫礼贤的译本虽然不是全译本，但其汉德直译本为德语地区的读者提供了全新的、以原文文本为依据的翻译阐释。

译者的庄子评述

众所周知，庄子思想无所不包，令人心生天地无限宽广之感，庄子智慧令人赞叹，古今中外各种思想均难出其右。只是先秦时期留下的关于庄子的文献记载寥若晨星，以至于后世对庄子的了解远不及对孔子和老子的认知那样深刻。司马迁的《史记·老子韩非列传》以区区不到 300 字的篇幅，对庄子的生平和思想做了极为扼要的介绍。卫礼贤在译本导论中指出，司马迁对庄子的评价在一定程度上是客观公允的。例如司马迁认为庄子"其学无所不窥，然其要本归于老子直言"，也就是说庄子博览群书，学识渊博，其思想主要以老子思想为出发点。但同时卫礼贤也对司马迁对于庄子的介绍颇有微词，指明这恰恰不利于人们全面、中肯地认识庄子的价值。首先，司马迁从《庄子》原文洋洋洒洒的10 余万文字里，只提到了《胠箧》《渔父》和《盗跖》三篇文章，其中

---

① Dschuang Dsï: 1912, S. 219.

② Ebd., S. XXIV.

前一篇属外篇，多为对庄子本人思想的发挥，应是庄子后学的集成，后两篇属杂篇，大多混杂了其他学派的思想，与庄子思想有显性或隐性的关联，而唯独没有论及代表庄子思想精华之所在的内篇，即今天人们熟知的《逍遥游》《齐物论》《养生主》《人间世》《德充符》《大宗师》和《应帝王》。其次，司马迁认为《庄子》借助大量引言和寓言故事来表达庄子自己的哲学思想，但也不乏用偏激的思想不断嘲讽孔子、墨子及其追随者。

在卫礼贤看来，司马迁对庄子的描述和评价表明他并未仔细研读过庄子的著作，司马迁对于庄子的引证有失偏颇，存有一定争议。庄子主张内敛无争，遵从自己的内心，不为外在世俗的东西所牵绊。但这不足以说明庄子以消极的态度对待人生，作为性情怪异的隐士逃遁现实。当先秦其他思想家纷纷投身仕途，以图治世救国之道时，庄子却选择孤寂，于乱世之中逍遥独居，一生安于清贫，以此构筑自己独有、快乐的精神世界。庄子旷达的心境和高超的生活旨趣使他不喜与人来往，一生交友甚少，只与当时著名的政治家、哲学家惠施相晤论学。《庄子·秋水》里广为流传的"濠梁之辩"透过两人的敏捷思路和睿智交谈，也充分表明了庄子结友的原则和标准。后世主要依循司马迁《史记》里对庄子的记载，断然认定儒道两家相互对立，因为《史记》里引用的三篇《庄子》文章或轻薄儒家，或嘲讽孔子。在庄子对孔子和儒学的态度问题上，卫礼贤指出应从两方面予以评价。其一，《庄子》里有许多借孔子以寄寓思想之处，因为儒墨为战国显学，在人们思想里早已根深蒂固。庄子自知其学说无法契合时局所需，故而将之融冶儒学，以利于世人接受和践行。庄子肯定孔学是以人为本的实际哲学，认为孔学最为接近其思想，唯孔学始能适合现实。《庄子》一书经常引用孔子的话便是明证。其二，庄子对儒学的贬抑和批判并非直接指向孔子本人，而更多的是针对其追随者的。庄子通过驳斥儒学对仁义道德的执着、对功名利禄的追逐和对礼文仪节的拘限,讥讽了儒家弟子对孔子思想的曲解,批评其使儒家旨要教条化的做法。

就理论渊源而言,卫礼贤认为,庄子的哲学思想与老子的道家学说同宗同源,但又有很大的发展变化。庄子的独特性在于其崇尚自然、宣言天道无为、认为"安之若命乃德之至"的哲学观,主张摧毁一切文明的蒙昧主义,推崇"无所用天下为"的政治观以及"无人无我、效法自然"、追求绝对自由与超脱的人生观。为了丰富自己的思想体系,庄子以强烈的问题意识和批判精神,重新划定既有认识的边界,在此基础上形成了自己对世界、万物、人生鲜明的认知和体验模式。从这个意义上讲,卫礼贤把《庄子》誉为人类认识论发展史上的一部经典作品。①

从早期对中国思想文化的翻译和介绍到后期对东西方文化关系的学术性研究,卫礼贤历经了从基督教传教士到儒道学人、从翻译者到汉学家的自我身份的巨大转变,并进行了从中国到欧洲、从古代到现代的双重跨文化传播活动,成为两个世界的使者,"伟大的德意志中国人"②。在译介中国古典哲学典籍过程中,卫礼贤赋予了东方智慧革新西方文化的作用,这与卫礼贤所持有的独特的中国观是一脉相承的。但也应当看到,卫礼贤对西方文化的反省和批判,对中国文化的关注和赞赏,在19世纪末和20世纪初的西方知识阶层并不是偶然现象。西方现代文明的发展和工业技术的扩张让很多知识分子对欧洲的未来产生了深深的疑虑,第一次世界大战更是在西方掀起了一股反对受理性制约的世界观和价值观的思潮。文化悲观主义和世界和平主义兴起,斯宾格勒的《西方的没落》影响广泛,此时的人们把目光投向遥远而神秘的中国,希冀从中国源远流长的传统文化和博大精深的中国智慧中找到慰藉和疗救的

---

① Dschuang Dsï: 1912, S. XII.
② 杨武能:《卫礼贤——伟大的德意志中国人》,《人民日报》,1990年2月22日。

手段。

卫礼贤还尝试从东西方互文性的角度出发解读庄子。跟柏拉图一样，庄子不仅是一位境界高远的思想家，而且也是一位才华横溢的诗人。类似于柏拉图的"对话篇"，对话体也是《庄子》语言的重要构成方式。庄子在行文中首先提出论点，继而用对话方式进行论证，最后总结观点。《齐物论》《德充符》《应帝王》等都是这样的立论—辩对—总结结构。除对话体之外，《庄子》文章还以寓言和譬喻叙事见长，并善于运用夸张、排比、矛盾等修辞手段，生动形象地铺陈玄奥深邃的哲思。同作为孤傲不羁、离经叛道的哲学家，尼采在宣扬自由和人性、对当时主流哲学观点进行否定和批判时也能看到某些庄子的行文风格。[①] 庄子文笔淡远，文思玄邈。其语言错综缠绕、豪迈奔放，音节一唱三叹，境界飘忽起落。庄子的文章结构奇特，常常突兀而来，行所欲行，止所欲止，在中国文学史上独树一帜。卫礼贤认为庄子文体具有印象主义风格，[②] 因为《庄子》浓缩了高度个性化的写作手法，充分彰显了作家的个人气质，致力于捕捉模糊不清、转瞬即逝的感觉经验。只有当人们冲破语言能指的藩篱，运用直觉感悟庄子灵动的思想，才能直达庄子言说的真正所指。正因为如此，包括卫礼贤在内的西方译者都将翻译《庄子》视为对自己的巨大挑战。

卫礼贤认为，庄子思想的境界之高，使之完全可以与西方思想大家如赫拉克利特（Herakleitus）、布鲁诺（Giordano Bruno）、斯宾诺莎（Baruch de Spinoza）、歌德、谢林、叔本华（Arthur Schopenhauer）、施莱尔马赫等人相媲美。[③] 但庄子思想的真正价值不在于他传授的超凡脱俗、独一无二的世界观，而在于他那超脱于思想之外、无法归入逻辑和

---

① Dschuang Dsï: 1912, S. XII.
② Ebd., S. XII.
③ Ebd., S. XIII.

理性范畴的对天地人并生与一体关系的体验。这种体验的轮廓只能被模糊界定，任何概念上的表述都必然遁入无意义的虚无。庄子对"言意之争"给出了自己精辟的论述。《庄子·天道》里曰："语有贵也。语之所贵者，意也，意有所随。意之所随者，不可以言传也。"意思是言语自有它的珍贵之处。言语珍贵的是意义，意义自有旨趣相随。意义所伴随的旨趣，是不能用言语来传达的。《庄子·秋水》里又曰："可以言论者，物之粗也；可以意致者，物之精也；言之所不能论，意之所不能察致者，不期精粗也。"也就是说，能够用语言表达出来的，是有形事物粗糙的一面，无形事物的精微所在则可以用意念来加以想象。而言语无法表述、意念也不能体察想象的东西，就是"道"。由此可见，庄子对天人合一、道法自然的体验是一种纯粹的内省，宇宙万物无非是人的内心世界在外界事物上的投影而已，这与通过从外部世界返回内心、在静观、沉思或者迷狂的心态中与神或者某种最高原则结合的神秘主义不谋而合。在卫礼贤看来，基督教神秘主义倡导信徒委身神谕，听命于上帝的安排，是一种消极、萎靡的神秘主义。而以庄子为代表的道教神秘主义则赋予自身的精、气、神以法力，通过内心体验感悟"天道"，最终使自己获得神性和超自然力，是一种积极、昂扬的神秘主义。①《庄子·逍遥游》里的鲲鹏，正是从这种积极的神秘主义中汲取了能量，方能扶摇直上九万里，成为人类超越自身的精神象征。

  卫礼贤在《庄子》德译本导论中，对庄子做出了上述高度评价。在介绍中国典籍时，卫礼贤还会常常把不同时代、不同国家的思想和人物进行比较，这可以看作是有利于大众读者理解中国哲学思想的评述方法。卫礼贤也由此受到了当时以语言学研究为正统的德国汉学界的严厉批评，说他随心所欲利用现代概念和欧洲思想来解释古老的中国文化，

---

① Dschuang Dsï: 1912, S. XIII.

个人主观解读模糊了原作的思想。但上述现象需要从卫礼贤欲以东方精神化解西方文明危机的鲜明立场来理解。"卫礼贤的专业观基本是哲学—历史学的,而不是语言学的。"①卫礼贤本身的汉语功底毋庸置疑,他甚至可以用流利的汉语做学术报告。人们也不能因他与中国学者合作翻译,就断言他在汉学研究上是门外汉。"在此应当始终注意这样一个事实:卫礼贤进行翻译并不是要向职业汉学家小圈子证明自己的汉语知识,而是要为德国知识界开发隐藏于东方世界的精神财富和人生理想财富。"②卫礼贤始终把自己定位为中国文化与欧洲文化之间的传播者,基于这样的出发点,他赋予中国古典哲学以积极向上的意义,赋予中国生活智慧以治病救人的手段。在卫礼贤看来,从东西方互文角度来解读庄子思想,阐发中国古典哲学的道德和智慧,可给面临危机的欧洲文化以有益的启示,让中国文化丰富欧洲文化,这是卫礼贤从哲学的高度思考东西方文化关系的结果。

采取归化翻译策略

在百年之前,卫礼贤的《庄子》德译本无疑具有先锋引领作用。在跨越一个多世纪的沧桑中,卫氏译本历久弥新,不断再版,成为德语区中国古典哲学的代表性书籍。当代著名汉学家顾彬肯定卫礼贤《庄子》译本的杰出地位,认同卫礼贤对庄子思想的理解和对译文的处理方法,认为并不存在所谓的完美正确的翻译,每一个译本都是译者在当时的历史语境下对原文的理解和解释结果。目前学界对于卫礼贤典籍翻译存在

---

① [德]罗梅君:《汉学界的论争:魏玛共和国时期卫礼贤的文化批评立场和学术地位》,《东西方之间:中外学者论卫礼贤》,孙立新、蒋锐主编,山东大学出版社2004年版,第137页。
② [德]威廉·许勒:《卫礼贤的科学著作》,《东西方之间:中外学者论卫礼贤》,孙立新、蒋锐主编,山东大学出版社2004年版,第13页。

的不同声音主要聚焦在，卫礼贤受到了儒家学说和传教士身份的影响，这导致译文也附加了译者强烈的主观性倾向。汉斯·范·艾斯（Hans van Ess）就此评论道："和理雅各译本一样，卫礼贤也是和中国学者合作翻译。在阅读时我们就需要注意，虽然这种做法可以保障几乎不会出现翻译错误，但是权威人士的观点必然会融入译本行文中。此外，虽然卫氏一生对中国基督化的观点越来越持有怀疑态度，但是新教思想依然还流淌在他的血液里，这使得译文在某些地方表现出原典并未有过的宗教色彩。"[①] 学者蒋锐分析了卫礼贤对儒家从肯定、赞美到顶礼膜拜的原因："主观方面看，他作为一个崇尚善、完美与和谐的人（这与他的神学生涯有关），恰好从儒家学说中找到了共鸣。在他看来，儒家所追求的仁、善和秩序，与基督教关于神之本质的理解是完全一致的。此外，歌德等人关于东西方文化靠拢的观点也深刻地影响着他，而儒家学说在他看来正是东西方文化相互靠拢的最佳桥梁。"[②]

卫礼贤的翻译目的是将中国古典哲学思想介绍给德语地区的读者。与追求详尽文本考证和注释文献的学院派汉学家不同，卫礼贤考虑到当时的文化交流并不充分，德语区读者群体对于道家的哲学思想存在较为普遍的概念空缺，因此采用了向德语读者已知或者熟悉的语言知识及文化环境贴近的翻译策略，注重译文的可理解性，采用了归化的翻译方法。正如卫礼贤将道家学说的核心概念"道"翻译成歌德《浮士德》中"太初有道"的"道"（der Sinn），他认为德语词"Sinn"原先的本义同样有"道路""方向"之意，并可扩展成"意义""真理"等。卫礼贤用西方语境中的概念思想和文化意象比拟和传达原文的深邃之处，这使得

---

① Hans van Ess: Vorwort zu *Die Lehren des Konfuzius*. Frankfurt am Main 2009, S. 39.
② 蒋锐：《东方之光：卫礼贤论中国文化》，蒋锐译，外语教学与研究出版社2007年版，第15页。

他的译文能将《庄子》玄邈的哲思、灵动的行文形象直观地表达出来，通俗易懂。荣格也曾赞许卫礼贤以大众为目标群体的翻译方法，认为卫礼贤能够将外来的东西转化为熟悉的东西是一种创造性的贡献。他把卫礼贤归属于这样一类人：他们寻求真理，并且对"科学的专业性和理性主义的唯理智论"感到厌倦。① 汉学家罗梅君（Mechthild Leutner）这样评价卫礼贤的翻译风格："卫礼贤致力于用这样的方式进行文化传递，即在德文的语境中把中文内容呈现出来，使读者能够理解这些内容。为此，他从德国或欧洲的文化遗产中选择相应的概念，并且据此或含蓄地制造一种可比性。他最终以这种方式缩小了外来事物（中国）与本国事物（德国）之间的距离。"② 以下试举两例：

例1：

原文：穷发之北，有冥海者，天池也。有鱼焉，其广数千里，未有知其修者，其名为鲲。有鸟焉，其名为鹏，背若太山，翼若垂天之云，抟扶摇羊角而上者九万里，绝云气，负青天，然后图南，且适南冥也。（《庄子·逍遥游》）

译文：Im baumlosen Norden ist ein abgrundtiefes Meer : der Himmelssee. Dort lebt ein Fisch, der ist wohl tausend Meilen breit, und niemand weiß, wie lang er ist. Er heißt Leviathan. Dort ist auch ein Vogel. Er heißt der Rokh. Sein Rücken gleicht dem großen Berge ; seine Flügel gleichen vom Himmel herabhangenden Wolken. Im Wirbelsturm steigt er kreisend empor, viel tausend Meilen weit bis dahin, wo Wolken und Luft zu Ende sind und er nur noch den schwarzblauen Himmel über sich hat. Dann

---

① 转引自：[德]罗梅君：《汉学界的论争：魏玛共和国时期卫礼贤的文化批评立场和学术地位》，《东西方之间：中外学者论卫礼贤》，孙立新、蒋锐主编，山东大学出版社2004年版，第139页。
② 同上书，第140页。

macht er sich auf nach Süden und fliegt nach dem südlichen Ozean.①

在卫礼贤的德译本里,"鲲"被译成"Leviathan"。"Leviathan"是出自基督教《圣经》里的一种象征邪恶的海洋怪物,通常有着巨大的身形,长形扁状的嘴巴。卫礼贤为西方读者找到了鲲的形象类似物,并以文后注释的形式补充了中文"Kun"之意。对于"鹏",他也采取了形似的意象替代,"Rokh"或者"Roch"是阿拉伯神话中的大鸟,体形巨硕,身披白羽,以象为食,力大无穷。"其背若太山"中的"太山"译为"großen Berg"(大山),卫礼贤应该考虑到当时多数西方读者不会知晓泰山这一中国名山的特殊地位,因此没有将其音译为"Tai Berg"。

例2：

原文：是亦一无穷,非亦一无穷也。故曰莫若以明。(《庄子·齐物论》)

译　文：Auf diese Weise hat sowohl das Ja als das Nein unendliche Bedeutung. Darum habe ich gesagt: es gibt keinen besseren Weg als <u>die Erleuchtung</u>.

与昏暗、沉迷、无明相对,"明"在语义上表达的是清楚、清晰和通透之意。"明"在注本中通常被解释为"空明如镜的心灵"。何谓空明？洞悉一切,深入本质,通晓哲理。由此可见,庄子给予"明"的是求得超越是非对立的大道的哲学意味。在此卫礼贤将"明"译为"Erleuchtung",即"照亮,照明",将"明"的意义置于西方思想文化语境中。此时,庄子思想中的"明"与欧洲启蒙运动的思想启明发生了互文。西方启蒙运动提倡用理性之光照亮黑暗,消除愚昧,把人们引向光明与希望,德语里也正是用"Erleuchtung"表达"启明"含义。

综上,卫礼贤在处理文化专有项和特殊概念时,尽可能将之转换为

---

① Dschuang Dsï: 1912, S. 3.

西方读者熟知的文化意象或者概念模式，以填补在翻译转换时出现的文化空缺。尽管这种归化翻译方法在传达某些原文内容时以失去严谨性为代价，但是却给读者营造了一种亲密的文化归属感。卫礼贤把引入和传播道家思想当作自己的首要任务，因此他的翻译目的更加强调在当时的历史文化条件下目的语国家受众的理解。卫礼贤成功地完成了在前言中预设的"让庄子为自己讲话"①的目标。后人也评价道，卫礼贤以简洁明了的语言把握庄子思想，他的译文是不可多得的"宝贵资源"②。卫礼贤的语言能力是"无与伦比"③的。

尽管早期《庄子》德译本并不完整，但在德语区却拥有广泛的受众，卫氏译本仍是迄今为止在德语国家中最广泛使用的版本。卫礼贤曾这样描述当时人们对东方文化寄予厚望："我们越来越多地转向东方，自觉接受东方的宗教与文化题材。这种情况甚至发展到如此地步：许多人失望地疏远自己的过去，到东方去寻求全部福祉，这股东方潮在我们整个精神生活中都能觉察得到。"④ 可以说，布伯和卫礼贤的译本奠定了庄子思想在德语区传播的基础，参与推动了席卷20世纪初欧洲的前所未有的"中国热"浪潮。人们试图从崇尚天人合一、道法自然、清静无为的道家思想中寻找现实的慰藉和希冀的图景。同时，德国众多文学家和哲学家对老庄哲学进行了个性化的吸收和解读，并将之融入自己的文学创作和思想体系中。

---

① Dschuang Dsï: 1912, S. VII.
② Zhuangzi: *Nan hua jing*. Translation and Introduction by Hyun Höchsmann & Yang Guorong. New York 2007, S. xiii.
③ Hans van Ess: 2009, S. 40.
④ 蒋锐：《东方之光：卫礼贤论中国文化》，蒋锐译，外语教学与研究出版社2007年版，第205页。

第四节　斯蒂芬·舒马赫的《庄子》译介

"转译"现象在中国文学尤其是中国典籍外译史上时有发生。译者并非从汉语原文直接生成目的语文本，而是基于已有译本进行"间接"的翻译。译者或自身不具深厚的汉语言文化功底，或对某一既有译本情有独钟，或缺乏超越其他语种翻译范式的勇气，这些都是催生"转译"现象的主要原因。就《庄子》外译而言，一般从英译本转译成其他语言的情况居多，这或许与西方大多数语言同属印欧语系不无关系。

由英语转译的《庄子》德译本

19世纪末西方开始关注中国道家经典《庄子》，众多英译《庄子》版本也应运而生。英国人巴尔福（Frederic Henry Balfur）最初来华经营丝茶，后弃商从文，从事文学研究和翻译工作。1881年他在伦敦和上海出版了《南华真经》单行本，这是英语世界第一部《庄子》译本。巴尔福的英译本虽存在大量误解和误译之处，但他把"道"与西方哲学中的"自然"等同起来，视"道"为"自然之性、物之本质"，对西方的道教研究起到了积极的推动作用。苏格兰汉学家理雅各长期担任香港英华书院院长，后任牛津大学汉学教授直至去世。理雅各是知名的儒道经典翻译家，1891年他的《庄子》英译本被收入50卷本的《东方圣典丛书》。理雅各的译本配有绪论和详尽的注解，被誉为迄今最精确和缜密的英译本之一，后世几乎所有的《庄子》译者都在一定程度上借鉴了他的译本。美国汉学家伯顿·沃森（Burton Watson）毕生专注于中国文学的翻译与研究，翻译了《韩非子》《墨子》《荀子》等中国古代哲学著作以及李白、陆游和白居易的诗作。沃森于1968年推出了他的《庄子》英语全译本，该译本在忠实于原文的基础上，充分考虑文本的历史语境和当下语境，平易优雅的文学性溢于言表，被收入"联合国教科文组织代表性著作选集""大中华文库"和"诺顿世界名著选集"，成为中国典籍在美国译介的经典之作。1994年，美国汉学家、敦煌学家梅维恒（Victor H. Mair）出版了全新的《庄子》英语全译本，开启了当代《庄子》英译的繁荣时期。梅维恒首先将《庄子》看作一部饱含韵文的文学和诗歌艺术作品，将忠实再现原作的文学性和诗性视为对自己最大的挑战，并为此倾注了近20年的心血，其中译文的主体部分主要完成于1991、1992年。梅维恒的《庄子》英译本因清新的笔调和浓郁的文学韵味，成为其他语种译者竞相转译的范本。我国著名的英语教育家、文学翻译家汪榕培在中国古典文学英译和中西文化比较等方面成果颇丰，为向世界传播中国文化做出了重要贡献。他于1999年推出了《庄子》三语（古汉语、现代汉语、英语）版本，得到了国内外学者的高度重视和广泛好评。不囿于一家之说，博采众长并化融为流畅的英语，再现原文之神韵真境，此为汪榕培教授英译《庄子》的总体特色。2007年，美国学者科里亚（Nina Correa）发表了《庄子》英语全译电子文本，这是迄今第一部从女性视角切入的《庄子》译本。科里亚的电子译本简明易读，配有大量针对文本语境的文化评述，对读者理解《庄子》中的各种互文指涉大有裨益。此外，美国汉学家、哲学家任博克（Brook Ziporyn）在当代美国庄学研究方面成就斐然，其代表作有2009年出版的庄子英译本（*Zhuangzi：Essential Writings*）。任博克通晓众多有关《庄子》的次级文献，他的《庄子》译本虽只涉及内篇及部分外篇和杂篇，却穿插了许多精选的针对早期《庄子》译本的评论，赋予英语世界近两个世纪以来的《庄子》话语更广的维度和更大的张力。

在由英语转译的《庄子》德译本中，最知名的当数笔者已介绍过的马丁·布伯译本。1996年，天主教神学家、作家本马丁·舍伦贝格

（Bemardin Schellenberger）出版了一本庄子读物，题为《给一只海鸟的交响曲：庄子的智慧文本》(Sinfonie für einen Seevogel, Weisheitstexte des Tschuang-tse)，这是从美国著名天主教作家和诗人托马斯·默顿（Thomas Merton）的英译本《庄子的道》(the Way of Chuang Tzu) 转译而来的，与中文原著还是有较大的差别。1998年，东方学学者斯蒂芬·舒马赫翻译的《庄子：道教智慧经典》(Zhuangzi: Das klassische Buch daoistischer Weiheit) 由克吕格出版社（Wolfgang Krüger Verlag）出版，并于2008年在温普费德出版社（Windpferd Verlag）以《自发之书：关于无用之用和慢文化》(Das Buch der Spontaneität. Über den Nutzen der Nutzlosigkeit und die Kultur der Langsamkeit) 为题再版。舒马赫译本是由美国汉学家梅维恒的英语全译本《逍遥于道：庄子的早期道家寓言故事》(Wandering on the Way: Early Daoist Tales and Parabels of Chuang Tzu) 转译而来。作为《庄子》译介史上第一部德语全译本，由于该书再现了《庄子》完整的原貌，因此被岳麓书社引进并于2012年收进"大中华文库"系列丛书中出版。虽然丛书编委会认可卫礼贤直译本的知名度和接受度，但是鉴于卫礼贤舍去了外篇的若干章节，且行文渲染了一定的基督教色彩，两相比较之下，编委会选择了这部当时唯一的德语全译本。①

译者的庄子评述

舒马赫在2008年版本序言里称，《庄子》因其思想性和对后世的昭示意义完全可以与《圣经》相媲美："对于某些读者来说，将这本书与《圣经》进行比较似乎是冒犯，但《庄子》对我（和我一生中所遇到

---

① 大中华文库：《庄子（汉德对照）》秦旭卿，孙雍长今译；[德] 舒马赫 Stephan Schuhmacher 德译，岳麓书社2011年版，第846页。

的几个最有趣、最亲切的人）而言确实如同《圣经》一般：这本书像一位能够终生陪伴你的忠实朋友和明智之士。这是一本在不同生活阶段和人生境况下给人永不枯竭的鼓励和启发源泉的书；每当翻开这本书，它总是新颖且令人惊奇，因为它就像一颗多棱钻石总以新的色彩组合，根据我们不同的视角和心理状态反射出我们自我意识的光芒……套用尼采的'我只会信仰一个善于跳舞的上帝'，我想说的是：'我要信仰一个会笑的智者。'关于'上帝'，关于'世界'，也关于我们自己和我们对于智慧的追寻，在此方面庄子毫无疑问当属于世界上最为信赖的伟大智者。"① 舒马赫完全采用了梅维恒的译本编排形式，可以说是二人的双珠联璧为德语世界提供了符合时代需求的德语全译本。《庄子》德语全译本的出现有助于专家学者深入地了解《庄子》文本原貌及其思想内涵。2003年，著名的雷克拉姆出版社（Reclam Verlag）还以口袋书形式出版了该书的节选本，并由当代著名汉学家君特·沃法特（Günter Wohlfart）重新撰写了前言和注释，为更多的德语读者了解和阅读这部中国道家典籍提供便利。

　　梅维恒的英译本以陈鼓应的《庄子今注今译》（中华书局）为汉语底本，重点参考了哈佛燕京学社的《庄子引得》。该译本包括译者前言、译本导读、翻译说明、译文正文、术语汇编、参考书目以及删除的20处段落。译者认为，这些段落是由他人评注或编写的，但被后人误为庄子所做，因此只保留在译本正文之后。译本前言部分说明了译者的翻译动机和翻译历程，提出了《庄子》一书的文学属性大于哲学属性，为文本翻译特色定下了主基调。导读部分包括《庄子》产生的历史背景，儒家与墨家及其他学派、《庄子》与《道德经》的关系，《庄子》的作者探

---

① Zhuangzi: *Das Buch der Spontaneität. Über den Nutzen der Nutzlosigkeit und die Kultur der Langsamkeit* Aus dem Chinesischen ins Englische von Victor H. Mair, aus dem Englischen ins Deutsche von Stephan Schuhmacher, Augsburg 2008, S. 5f.

源,《庄子》的内容结构和《庄子》的文学性内涵等。在翻译说明部分,指出译者所遵循的是忠实于原文的翻译原则,表现在韵文和人名的处理上采用了不同以往的翻译方法。术语汇编则分别对人名、地名、文化特有概念进行了进一步解释和说明。

　　文学翻译是融各种主、客体因素在内的复杂过程。译者在专注语内或文内因素的同时,也要连带考虑影响创作风格、著者气质和主旨意境的诸多文外因素。译本导读部分对《庄子》成书时的历史背景和文化思潮、庄子对儒家的批判、庄子与老子的关系等方面做了介绍。庄子所处的时代,正值中国历史由春秋迈入战国。当时周朝王位式微,礼崩乐坏,社会动荡,诸侯割据。春秋五霸,战国七雄,连年争战,民不聊生。与其他读书人谋求出仕以图生存不同,庄子视富贵如浮云,视名利为累赘,潜心著作,将生命寄托在言语文字当中,借此在逆境中寻求精神的超越。尽管时局混乱、环境困苦,这一时期却是中国历史上思想和文化领域最为活跃的时期,大多数有影响力的思想家都诞生于这个年代,形成了"百花齐放、百家争鸣"的文化态势。诸子百家的思想争鸣和学术论争在《庄子》一书里都有所体现。

　　《庄子》全书33篇,其中言及孔子的就有21篇,达100多处。书中,庄子以富于哲理的寓言叙事和冷静客观的质疑精神与孔子进行了隔空对话。首先,针对儒家的"仁、礼"思想核心,庄子提出"齐物"和"逍遥"的哲学主张,认为任何事物在本质上都是相同的,对事物变化要采取旁观、超然的态度;其次,庄子反对孔子"法治、尚贤、为政以德"的政治理想,倡导"无为而治",认为法令滋彰反而造成盗贼多有,不尚贤可以使民不争;最后,庄子批判了孔子"等级、尊卑"的伦理诉求,主张弃仁绝义,反对礼治,因为"礼"是酿成大乱的祸首。同样,《庄子》一书亦有多处与墨家学说的批判性互动。庄子出离现实,徜徉自然,超越物质生活和世俗伦理,追求"无名、无己、无功"的至人、神人、圣人境界。庄子批驳了墨家"兴天下之利，除天下之害"的功利主义，认为这是对人性自然的桎梏和扭曲，因为以道观物，万物齐同，无所谓差别、是非、真假。①

一方面，同作为道家思想的集大成者，人们自然会将庄子与老子联系在一起。庄子与老子、《庄子》与《道德经》之间有许多共鸣之处。庄子与老子实际上都在探讨一个共同问题：回归自然。自然即是道，道即是自然。庄子在阐发思想时经常变通引用《道德经》里的表述，例如《庄子·大宗师》里的"藏天下于天下"与老子的"以天下观天下"意义相同；《庄子·秋水》里的"知之濠上"与老子的"不窥牖见天道"同出一脉；《庄子·秋水》里的"知东西之相反而不可以相无"与《老子·二章》中的"有无相生，难易相成，长短相较，高下相倾"殊途同归。另一方面，这两部道家经典著作也有本质上的差异：《道德经》指向贤明的君王，从根本上讲服务于君王的治国理政，试图用道家思想去影响国家政治；庄子则主张超越社会世俗，摆脱强权政治的束缚，将官宦比作表面光鲜、实则终于祭祀贡品的牺牛，而把自己比作在污泥中自由生活的小猪。《道德经》把"道"描述为人生准则，宣扬以"无为"作为实现个人目的的手段；庄子则认为"道"蕴含了宇宙最高真理，阐述其世俗功用的尝试是毫无意义的。《庄子》并非致力于引领人类社会，而是以超验主义美学宣扬个体自由，超然在逐物中沉沦的世界。②

凸显诗性的翻译策略

在舒马赫的译本推出之前，《庄子》一书已经有不同的节译、选译

---

① Zhuangzi: *Das klassische Buch daoistischer Weisheit*. Aus dem Chinesischen ins Englische von Victor H. Mair, aus dem Englischen ins Deutsche von Stephan Schuhmacher. Frankfurt am Main 1998, S. 17 ff.

② Ebd., S. 27 ff.

或编译本。虽然不乏布伯和卫礼贤这样的杰出代表，但在译本数量和译介完整性上远不能与道家另一部经典作品《道德经》相比。从舒马赫翻译的英译者前言、导读和说明看来，梅维恒强调《庄子》一书融入杂文随笔，融寓言故事和奇闻逸事为一体，不啻一场文学和思想盛宴。它不仅是一部浓缩了道家思想精华的哲学著作，更是一部充满幽默和睿智的文学作品。《庄子》淋漓尽致地诠释了东方哲学的神韵，在这里人们可以聆听"无用之用"的哲理，体验"逍遥游"的自由境界和远大志向，感知"大小之辩"的异域文化声音，领悟"道法自然"的真谛。所有这些都由睿智诙谐的人物形象、想象奇巧的寓言故事和富有诗意的语言表达连缀而成。翻开《庄子》，人们面对的既非枯燥的道德说教也非高深的哲学读本。《庄子》以轻灵的笔触探讨沉甸甸的社会及生活现实，以贯穿全书的幽默感拷问人们的传统认识和是非观念，以洒脱的文风向读者传达一种别样的智慧。因此，以一般性哲学散文的惯常途径接近《庄子》与众不同的文风和思想，那这样的阐释和翻译并没有实现原作的真正价值。①

梅维恒并没有遵循前辈的翻译模式将《庄子》介绍给英语读者，因为此前也不乏出众的英译本。而舒马赫之所以将梅维恒的英译本转译成德语，也是因为高度认可梅维恒对庄子的评价及其翻译目的——要在译文形态中表现《庄子》的文学艺术魅力，从而更新和扩大人们对于庄子思想的认识视野。而且在德语世界，无论是为己所用的布伯译本，还是归化翻译的卫礼贤译本，均已时代久远，已不能完全满足当代文化语境对于庄子哲学的整体认识需求。为了契合译本的翻译思路，英译者还参阅借鉴了日本著名古汉语专家赤塚忠（Akatsuka Kiyoshi）的学术研究。

---

① Zhuangzi: *Das klassische Buch daoistischer Weisheit*. Aus dem Chinesischen ins Englische von Victor H. Mair, aus dem Englischen ins Deutsche von Stephan Schuhmacher. Frankfurt am Main 1998, S. 8f.

因为赤塚忠一方面确定了《庄子》里的哪些文段是用诗歌体即韵文创作的，毕竟《庄子》古籍版本都是由不加标点的文言文字符纵向排列而成的，且古汉语的音韵学特征与现代标准汉语的出入甚大；另一方面他对《庄子》里许多虚构人名的语义内涵做了深入阐释。舒马赫忠实贯彻了梅维恒的翻译意图，即在德语译文中凸显《庄子》的诗性特征，并通过新的语言表达获求译文的精确性，以期还原庄子精神的本来面貌，带给德语读者更多的文学审美体验。

《庄子》总体上属于散文，但有韵文夹杂其中，它们或在文章之首，或在文章之末，既存在于对话中，也混杂在段落中。非对韵文极有研究之人很难注意到或是辨别出。这些韵文对整个《庄子》文本所呈现的文风起着画龙点睛的作用。例如《庄子·在宥》中有鸿蒙曰："浮游不知所求，猖狂不知所往，游者鞅掌，以观无望。"以下试比较卫礼贤和舒马赫的译文。

卫礼贤：

Urnebel sprach: "Ich schwebe umher und weiß nicht, was ich will; ich treibe mich herum und weiß nicht, wohin. Wandern sehe ich mit verschränkten Armen zu, wie alles seine festen Bahnen geht."[1]

舒马赫：

Endlose Finsternis sagte:

"Ich wandere ziellos umher

Und weiß nicht, was ich suche.

Ich bin dermaßen verrückt,

daß ich nicht weiß, wohin ich geh.

Der Wandre in seine Staunen

---

[1] Dschuang Dsï: 1912, S. 79.

Betrachtet das Unerwartete."①

梅维恒对于《庄子》原文中的韵文几乎都采取了诗体形式翻译，舒马赫忠实遵循梅维恒的处理方法，把韵文挑出单独排列，而不是隐藏于行文中，令读者一看便知该处是韵文。虽然卫礼贤译文也有韵文痕迹，但是诗体形式并不明显，而且卫氏译文后两句的翻译明显与原文有异。此处舒马赫的译文相对而言理解得当，文体优雅。

《庄子》一书中不仅出现老子、孔子等历史人物，更有众多的虚构人物登场。特别是后者的名字也被庄子赋予了文学性想象和诗意化特征。对此的翻译处理一般是音译或者转写，但是该译本却有意采取了解释性的翻译，以使译入语读者感受到这些名字双关、隐喻和象征的色彩。如在《庄子·大宗师》里对于"子祀、子舆、子犁、子来"的翻译，卫礼贤译文为"Meister Si, Meister Yü, Meister Li und Meister Lai"；舒马赫译文是"Meister Opfer, Meister Kutsche, Meister Pflug und Meister Komm"。查阅资料发现，"祀""舆""犁""来"分表代表了与古代百姓生活密切相关的社会生产实践活动，具有祭祀、车辇、耕犁和麦子之意。虽然舒马赫对"来"的寓意翻译有所偏差，但整体行文流畅，富有生活气息，解释性翻译要达到的效果就是让目的语读者能够准确了解人物名字的文化信息，同时获得文本的审美体验。

《庄子》是一部由各种异质性元素汇编而成的文集，多种声音、观点和思想在这里交汇纵横。《庄子》里各家思想和观点以对话、引言形式相互交织或对峙。每一篇里的故事、寓言都在探讨和阐明不同的主题。因为要传达不一样的要旨，有时同一则故事在不同篇章里会以不同的叙事基调铺陈开来。为了帮助读者理解，译者在每一章节的开头都插入了导语，对该章的叙事主线和思想主旨做一简明扼要的综述。除了

---

① Zhuangzi: 1998, S. 170.

《庄子》文本的文化差异性，某些文段的模糊残断、彼此矛盾也是《庄子》翻译的困难之处，这是长期复杂的文本加工和历代流传所致。译者在此强调了忠实和准确的翻译原则，既会根据语境关联从不同的阐释结果中最终选定自认为最为贴切的一种，保证译文在流畅易懂的前提下尽可能贴近原文，使得译文呈现原文的真实样貌，偶尔又会为明晰语法逻辑和句法结构对原文做适当增扩处理。考虑到译语读者对中国历史和文化不够了解，译者在个别情况下也会以括号加注的方式对译文做简短说明，同时，译文之后的"术语汇编"有助于解决读者阅读时产生的问题。中学西渐以来，西方译者在翻译中国典籍文献时惯常采用修饰和归化策略，尽可能地靠近目的语读者的审美品位和接受视域，例如，卫礼贤和布伯的德译本也表现出这样的特点。但舒马赫认为，这种对源语文本的润色会有损原作的文学品格。所以和英译本一样，德译本中舒马赫也将古汉语里引导直接引语的"曰"字译成"说道"（陈述句）或者"问道"（疑问句），而不是换着花样地译成"回答""答复""回应""大声说""解释道"，等等。

　　舒马赫秉从梅维恒译本的"实验性"革新，在当代汉学家维克托·卡林科看来却有值得商榷之处。他认为将《庄子》里的段落以诗行形式译出，并不适用于以散文和对话为构成主体的《庄子》一书，诗文翻译方法其实更适用于《道德经》里凝练而富有韵律的语言。对于虚构人物名字寓意的翻译是为了突出人物论争时的立场和形象，同时也是让目的语读者如同母语读者一样能够心领神会。在这方面，无论是卫礼贤还是理雅各都已有所尝试。[1] 而且，对于人名的翻译译者也要视具体情况而定，否则将"老子"译成"Laozi"，"老聃"译成"Altes Langohr"

---

[1] Viktor Kalinke: *Zhuangzi. Der Gesamttext*. Aus dem Chinesischen von Viktor Kalinke. Leipzig 2017, S. 66 f.

即"老的长耳朵",也会引发读者的理解障碍。对于梅维恒认为是后人误入而放在文末的删除段落,舒马赫虽然一并采纳,但自己并未再给出可以佐证此观点的文献。英译本中梅维恒误译的地方舒马赫也没有在德译本中修正过来,这正是转译过程可能出现的问题。由于舒马赫并不精通汉语,在进行从第二语言到第三语言转换时不可避免地会发生上述情况。尽管该译本首先把《庄子》视为文学性文本进行翻译和解读,并在此基础上建立与哲学的有机关联,但是舒马赫在德语转译过程中却使用了不少具有典型现代语言特征的词汇,如"Profit""Transformation""Evolution""Verhaltenskodex""instabil""identifizieren",中文分别是"收益""转化""进化""行为准则""不稳定"和"认同"之意。这在一定程度上脱离了《庄子》的历史语境,削弱了原作的文化内涵。尽管如此,舒马赫依然为德语世界提供了一个可资参考的德语全译本,以晓畅的语言、诗化的风格尽可能地再现了《庄子》原文的文学气质。

第五节 顾彬的《庄子》译介

多译本现象是文学翻译研究的一个永恒话题。一般说来,原作越是经典,就会有越多的译本在不同时期问世,这在经典文学的翻译接受史上已屡见不鲜。在德语图书市场,与中国纯文学作品相比,中国古典哲学似乎拥有更为广泛的读者群体,例如道家经典《道德经》就超越了所有中国文学经典,从1870年绵延至今已有100多种德文译本。庄子及其思想在西方世界的译介活动也可追溯到19世纪,德语国家对《庄子》的翻译与研读也在持续进行中。世纪之交以来,德语区出现了几本以节译为基础的《庄子》读本,并表现出新的趋势,即译者尝试脱离前人固有的解读模式,将文本翻译和文本评论相结合,力图从新的视角阐释庄子思想。值得一提的是，《庄子》的第33篇《天下》首次直译成德语。《天下》是中国最早的一篇学术史论文，对先秦时期各主要学派进行了分类和评述，但在卫礼贤的译本中却并未译出。这本题为《庄子：世界》①的读物由卡尔·阿尔伯特和薛华两人翻译出版，除了醒目的中德双语形式之外，译文还添加了许多非学术性的注解，有助于普通读者理解文本内容。汉斯－格奥尔格·穆勒（Hans-Georg Möller）在《环中》②一书中翻译了《庄子》的12个故事，引用了业内专业文献《庄子引得》，同时以斜体字辅以郭象的评注来解释文意，严谨的编纂态度和以点带面的解读方法促进了庄子思想在德国的进一步接受。亨利克·耶格尔（Henrik Jäger）在《忘足，履之适也——庄子读本》③里以长篇导言形式引入了庄子的"化""不知""无用""适""游""应""养生"和"乐"等主要观点，也以汉德对照形式翻译了《庄子》的34个故事。尽管此书在整体篇目编排上较繁杂，但翻译加讲解的新颖模式可以给人以启发，迎合了当下德语读者的阅读旨趣。德国著名汉学家顾彬于2013年在知名的赫尔德出版社（Herder Verlag）推出了《庄子：关于不知》（*Zhuang Zi: Vom Nichtwissen*）的节译本。顾彬为赫尔德出版社主编了一套10卷本的德语版"中国古代思想经典文库"（Klassiker der chinesischen Denkens），分别为《孔子》《孟子》《老子》《庄子》《列子》《墨子》《荀子》《韩非子》《大学》《孔子家语》，采用的主要是翻译加解读的模式。

---

① Zhuangzi (Chuang-tse): *Die Welt*. Chinesisch und Deutsch. Herausgegeben von Karl Albert & Hua Xue. Dettelbach 1996 [enthält Kapitel 33 des Zhuangzi].
② Hans-Georg Möller: *In der Mitte des Kreises*, Berlin 2010.
③ Zhuangzi: *Mit den passenden Schuhen vergißt man die Füße. Ein Zhuangzi-Lesebuch*. Herausgegeben von Henrik Jäger. Zürich 2009.

顾彬的中国典籍翻译观

顾彬曾任德国波恩大学教授，退休后被聘为北京外国语大学等高校特聘教授，是德国翻译家协会和德国作家协会会员。2013年，顾彬获得了代表德国翻译界最高荣誉的约翰·海因里希·沃斯奖（Johann-Heinrich-Voß-Preis）。顾彬不仅是一位出色的翻译家，也是一位勤奋的诗人和作家。他翻译、撰写了多部中国古典文学、中国现当代文学和中国思想史领域的著作。顾彬主编了10卷本的《中国文学史》，撰写了其中的《中国诗歌史》《中国散文史》《中国古典戏曲史》及《二十世纪中国文学史》。顾彬对鲁迅小说和中国当代诗歌有过深入研究，出版的代表性译作有《鲁迅选集》《二十世纪中国诗歌选》等。顾彬是当代西方汉学研究领域的标杆性人物之一，他在中德文化之间穿梭、探索、找寻，对中国文学和文化思想进行跨文化的观察及孜孜不倦的译介。

顾彬十分重视语言和翻译的问题，认为这和一个国家民族文学的发展息息相关。"理解甚至根本不能被认为是一种主体性的行为，而要被认为是一种置身于传统过程中的行动（Einrücken），在这一过程中过去和现在经常地得以中介。"[①] 在对中国作品的翻译与研究过程中，汉学家会从不同的视角对中国学术产生新的问题意识。不同的汉学家对中国形象的解读往往受到自我文化根源的影响，这会表现在某种程度上对中国形象的误读，但却反映了关于自我认知与文化反思的需要。误读或者误解恰恰是走向交流和理解的必然之路。语言是人们认识和了解世界的媒介，翻译是通过文本的语言转换以呈现另一种文化的内涵。基于文本意义的开放性，翻译是建立在理解文本基础上的动态开放过程，是理解和阐释的再创造行为。所以只有暂时性的翻译文本，没有终极意义上的翻

---

① ［德］伽达默尔：《真理与方法》，洪汉鼎译，上海译文出版社2004年版，第375页。

译文本，因为两种文化和思想的对话是永无止境的，而文本的价值也是在不断的翻译和阐释过程中得以彰显。这也正是我们要不断重译经典的原因。

顾彬重视阐释学在翻译过程中的指导作用，即它为译者理解文本潜在的意义可能性提供了理论依据，同时也对译者提出了要求："一个好的译者要善于倾听作者与文本的内在声音，做好文本解读；一个好的译者要具备哲学思维，最好具有作家的写作经验，能够精通自己的母语。"[①] 顾彬把译者比作摆渡过程中的船夫："在德语中，翻译这个动词是'übersetzen'，它有两个义项。它的第二个意思是'摆渡'，我们倒可以把翻译家看作船夫，这人把什么东西或者什么人从此岸送达彼岸，从已知之域送达未知之域。不仅渡客和货物，连船夫自己也参与了这种变化。"[②] 顾彬强调翻译与哲学的沟通，这与德国文化长期以来重视理解与阐释的哲学传统有关。学者李雪涛也讨论过阐释对于文本的意义："文本尽管是具有历史性的，但对它的阐释则是无限的、开放的。就阐释者每个个体来讲，虽然是有限的，具有时代性的，但就文化传承来讲，整个人类历史的发展，却又是无限的，因此人们对于文本的阐释和经验也必然是无限的。文本的开放性就是在阐释者的有限性和无限性的矛盾统一中形成的。"[③] 在顾彬看来，译者作为阐释者在翻译过程中发挥着重要的作用，翻译的目的不在于寻找文本所谓的本真意义，而是在不断变化的时代语境下去发现新的意义源泉，从而赋予文本长青的生命力。

---

① 刘燕：《中国哲学与文学的阐释、翻译与交流之汉学路径——德国汉学家顾彬教授访谈》，《北京第二外国语学院学报》，2018年第1期，第89页。
② 顾彬：《翻译好比摆渡》，《中西诗歌翻译百年论集》，王哲祖译，上海外语教育出版社2007年版，第623页。
③ 李雪涛：《与顾彬对谈翻译与汉学研究》，《中国翻译》，2014年第2期。

以当代新视角重译《庄子》

对于重新翻译和进一步解读中国古代哲学经典，顾彬所做的解释是，他在今天的翻译目的和前人的已经完全不同："虽然卫礼贤在一百年以前，把中国古代哲学的经典基本上都翻译成了德文，虽说他的影响还是有的，但却局限在不大的范围之中。作为非汉学家的一般读者，很少有人会耐着性子把他的书从头到尾看完……现在赫尔德出版社对我提出的要求是，将中国古代哲学经典中最重要的思想翻译出来，此外还要加上我自己的注释。在具体实施的过程中，我发现好多非常有名的说法，其语义其实是不太清楚的。另外，如果我从德国当代哲学来看中国古代哲学的话，会发现可以有跟别人不一样的角度，同时也能写出它的深度来。我用德文翻译、阐释的中国古代哲学家的思想，是一种普及本，给大学生、大学老师看的，书中有汉语原文，有汉语拼音的读音和注释，也有翻译。其实重要的并不一定是我的翻译，而是我的注释。因为不少注释完全表示了我对中国古代哲学有一个全新的认识。所以我在赫尔德出版社出版的这10本介绍中国古代哲学的著作，意义在于以当代的新视角来理解这些哲学家。"[①]

顾彬《庄子》一书的翻译风格直接简明。那他是怎样从当代的新视角来理解庄子其人其书的呢？在译本前言里，顾彬的评价也十分直接简明：庄子作为道家思想的代表人物备受德语读者喜爱，这也导致了人们对庄子的盲目崇信。马丁·布伯1910年的德译本开创了《庄子》德译之先河，也使得自魏玛共和国以后德国知识精英对庄子的崇拜蔚然成风。布伯译本的优雅文风及其出色传达出的庄子思想令作家胡戈·冯·霍夫曼斯塔尔（Hugo von Hofmannsthal）和赫尔曼·黑塞赞叹不已，其蕴含的深邃哲学内涵也令哲学家马丁·海德格尔印象深刻，两年之后的卫

---

① 李雪涛：《与顾彬对谈翻译与汉学研究》，《中国翻译》，2014年第2期。

礼贤从汉语直译的德译本因其较为完整的内容进一步扩大了庄子在德语知识界的影响。顾彬认为，庄子质疑一切而唯独缺乏自我批判意识，嘲讽儒学而漠视社会问题，且《庄子》里的寓言明理多有雷同之处。① 鉴于此，顾彬提出疑问和批判式地重译和重读《庄子》，试图引导读者重新了解庄子其人、其作及其思想。

顾彬在翻译《庄子》时参考了其他译本和校注文献。他推崇的德语译本是卫礼贤的《庄子：南华真经》，英语译本是美国汉学家沃森的《庄子全集》英译本（The Complete Works of Chuang Tzu）。此外，他还参考了中国学者陈鼓应的《庄子今注今译》和曹础基的《庄子浅注》以及日本学者福永光司的《庄子》三卷本。顾彬在正文后附上了选译的32篇《庄子》出处和简明的术语汇编。虽然译者为读者配上了中文原文的拼音，但是并未标注声调。值得注意的是，在说明译文出处时，顾彬采用了卫礼贤译本的章节编号。众所周知，卫氏译本并非完整译本，卫礼贤在多处做了主观性删减。但顾彬显然支持卫礼贤对《庄子》原著的删减理由，而且和卫礼贤一样，他也尽量弱化了庄子对儒家的嘲讽。② 顾彬对《庄子》文本及其作者的考辨提出了自己的见解，他认为跟所有中国典籍文本一样，《庄子》也不应被视为令译者唯马首是瞻的"神圣原文"，它是后世不断书写、编纂和注疏的产物，是由来自不同时期和出自不同笔者的语词、格言及篇章组成的汇编。因为典籍文本最初都是以口头形式世代相传，不受知识产权保护而为众人所共有，独立著述并拥有排他性作者身份的意识尚未形成。这些文本或像儒家经典那样服务于统治者的治国理政，或像道家典籍那样服务于人的精神修为，它们都拥

---

① Zhuangzi: *Vom Nichtwissen*. Ausgewählt, übersetzt und kommentiert von Wolfang Kubin. Freiburg 2013, S. 8 f.
② Zhuangzi: *Der Gesamttext und Materialien*. Aus dem Chinesischen übertragen und kommentiert von Viktor Kalinke. Leipzig 2017. S. 85.

有广泛的受众，以确保自己生命力的不断延展。简言之，在"庄子"或者"庄周"这一名字背后隐匿着诸多思想家，他们皆以庄子为榜样，依循其原义继续言说和虚构寓言故事，同时也凭自身理解对《庄子》底本进行勘校和调换。因此今天展现在读者面前的并非完整的《庄子》原貌，而更像是对《庄子》原本的节选和评述。顾彬十分认同前辈卫礼贤的做法，他再次为卫礼贤译本对原著的删减做了辩护，认为《庄子》除内篇之外的其他篇章多流于逸事趣闻般的长篇述说，而少有严谨深邃的哲学反思。顾彬显然对卫氏译本情有独钟。一方面，他说明了卫礼贤译本在"二战"以后的多次再版中，去掉了初版中有助于读者理解的评语部分。另一方面，他认为后人对于卫礼贤译本的批评有失公允，因为翻译行为是和时代的精神风貌相吻合的，没有所谓"正确"译文，只是存在"另一种"译文。①

阐释语境的不同造成了对原作理解的不同，也造成了译本的差异。顾彬强调译者在翻译过程中的主体性，文学翻译即是译者对原作的阐释。翻译是一个不断经历自我修正和他者评判的过程，不存在完美的翻译，只有尽可能趋于完善的翻译。任何一个译本风格都打上了时代的烙印，不同的时代读者会产生新的译本需求，从而在再次阐释中获得新的启发。传教士出身的卫礼贤在翻译中采用了归化翻译，倾向使用某些基督教新教的专用名词和新康德主义的哲学概念，这是让读者在没有前见的情况下以西方文化背景来理解中国古典哲学思想。顾彬译介的"中国古代思想经典文库"面向的读者是当代德国的大学生和知识阶层，历史语境的变化使文本和阐释也进入了下一个阶段，译本无论是在语言表达形式还是哲学思想解读上都需要与时俱进。如果一个译本在内容上能够切中当时的社会问题，在形式上也能满足时代读者的审美需求，它就顺

---

① Zhuangzi: 2013, S.12 f.

利完成了历史进程中的文化交流与传承任务。

《庄子》因饱含文学性和哲学性而为后世所称道。庄子的文章充满想象，构思奇巧，文笔汪洋恣肆，瑰丽诡谲，乃先秦诸子文章之典范。《庄子》承载了深厚的中国古代哲学思想，尤以博大精深的批判哲学思想见长。庄子提倡在静谧中顿悟万物之本源，由此生发忧己和忧人的感念，并将这种情怀诉诸教诲和寓言，倾注于水木山川、鸟兽鱼虫这样的自然图景里。《庄子》通篇运用排比和夸张等修辞手法，以使叙事所折射的说教更具说服力。《庄子》成为为世人所喜闻乐见的经典之作，许多后世哲人和学者都从《庄子》里觅到了共鸣之处。马丁·海德格尔就曾大量借用庄子的思想来阐发自己的哲学理念，就连郭象也将庄子的宇宙自然观为己所用，借以表达自己"万物自生"的思想。而顾彬在《庄子》文本的文学性和哲学性之间更倾向于对后者的品鉴，会将之"放在语言哲学、阐释学的多元语境中加以认识"①，因为他认为庄子向世人呈现的是对世界的系统化阐释。②

顾彬《庄子》读本的最大新意在于走出了单一的本土化认知模式，"在比较哲学的框架下有必要将庄子思想国际化，而不再通过庄子重复性地去理解庄子。"③ 他主张以国际视野、跨文化和比较研究方法重新审视庄子哲学思想。基于宇宙、存在、个体、自由、生命意义等东西方哲学共同关心的话题，从德国哲学视域出发对中国古代哲学思想进行再认知，有助于增进中国哲学的广度和深度；同理，构建于中国古典哲学和德国哲学之间的互文关系，也能够解答诸如工具理性和技术现代性等德国当代哲学所面临的困惑。这也正契合了意大利学者奥古斯丁·斯图科

---

① 刘燕：《中国哲学与文学阐释、翻译与交流之汉学路径——德国汉学家顾彬教授访谈》，《北京第二外国语学院学报》，2018年第1期。
② Hans-Georg Möller: 2001, S. 19.
③ Zhuangzi: 2013, S. 10.

(Agostino Steuco)1540年提出的"长青哲学"理念,即跨越所有时空界限,将世界各宗教传统和哲学思潮纳入共同的会话场域。①

从比较哲学的高度重释《逍遥游》

顾彬译本围绕四个主题单元展开文本翻译和哲学讲解,即"我们能知(不能知)什么""过多认识并非认识或:要有无知的勇气""我们应何为?或:在路上""在道路的最后"。作者完全打乱了《庄子》原文的篇章顺序,筛选出服务于上述主题的寓言故事。如《庄子》全书的开篇之作《逍遥游》被安排在题为"我们应何为?或:在路上"的第三单元。顾彬在每一单元先点明此节题旨。如他在第三单元的开篇写道:"如果我们什么都不能认识,什么都不应知道,必须忘记一切,那么我们仍然需要通往真实生活的杰出引导吗?现在所发生的一切,难道不与庄子所传授的不知之知相矛盾吗?庄子似乎忧虑我们的灵魂拯救。但也许他自身就是他所言的浅井青蛙,什么也不信任我们,不相信在获得认识之后我们会把他远远甩在后面,过着像哲学家奥多·马夸尔德(Odo Marquard)所反复主张的那种传统层面上的生活。和庄子在一起,我们甚至可以说:太多的不知根本就不是不知!"②顾彬除了对选取内容进行翻译外,还进行分段式的评论,评论的篇幅往往大于译文的篇幅。顾彬显然没有沿袭人们长期以来解读庄子思想的传统模式,而是融入了自己的批判性观点,同时引用西方哲人语录,以求在国际比较哲学视野下放大庄子思想,从而赋予中国古典哲学以跨文化的当代意义。

顾彬在第三单元选取了《庄子》全书的开篇之作,即《逍遥游》里的第一篇,他把文章内容分为五段,在每一段后面进行翻译和评述。如

---

① Zhuangzi: 2013, S. 11.

② Ebd., S. 95.

第一段是"北冥有鱼，其名为鲲。鲲之大，不知其几千里也。化而为鸟，其名为鹏。鹏之背，不知其几千里也。怒而飞，其翼若垂天之云。是鸟也，海运则将徙于南冥。南冥者，天池也。"顾彬的译文如下：

In der Nordsee gibt es einen Fisch, sein Name lautet Kun. Kun ist so groß, dass niemand weiß, wie viele Meilen man abschreiten müsste. Er weiß sich zu wandeln und zum Vogel zu werden, sein Name lautet dann Peng. Der Rücken eines Peng ist so groß, dass niemand weiß, wie viele Meilen man abschreiten müsste. Schwingt er sich auf und fliegt dahin, so gleichen seine Flüge am Himmelsrand den Wolken. Es ist eben dieser Vogel, der sich zur Südsee begibt, wenn die Nordsee zu toben anhebt.①

顾彬的译文简练通达，对于专有名词"鲲""鹏"直接通过音译进行翻译，并未对其做任何归化处理；对于"北冥""南冥"这样的文化专有项名词根据其形态径直仿译为德语复合词"Nordsee"（北海）"Südsee"（南海），且不做任何文中注释。顾彬仅在译完该段后给出了总结性评语："此篇是《庄子》伊始，也是中国哲学最著名的一篇寓言的开头。寓言讲述的是转化和转化的能力。自《易经》以来，人们知道了万物转化之理。首先是自然的转化，当然也是进化的转化，最终这种转化使得鱼凭借北海的大风变成大鸟飞向南海成为可能。这就是说，虽然身形已不同，但还是可以和自我相认同。因为所有的潜在性都是一致的，不过呈现的面貌不同而已。"② 对于卫礼贤《庄子》译本将开篇缩减为鹏与斥鷃的故事，顾彬认为，这是由于文本多次被后人加工导致的重复现象使得卫礼贤删繁就简。小大之辩的故事本身就已经在《逍遥游》篇讲述了两遍，卫礼贤仅是遵从自己的喜好做出了如此选择。

---

① Zhuangzi: 2013, S. 107.
② Ebd., S. 108.

在后续的段落评论里，顾彬逐渐亮出他的批判性观点。在众人看来，斑鸠只能局限于蓬蒿间飞腾，但是它安于渺小的现状不也体现了真实所在吗？大鹏鸟其实也被外在条件所约束，它受制于风力，否则无法扶摇直上，实现它飞向南海的目标。由此可见，所谓小大之分其实微不可言。《逍遥游》最后一段描写了列子"御风而行"，"以游无穷"，这和大鹏鸟环绕强烈的旋风上升到九万里高空并无本质上的不同。但是飞在蓬蒿之间的斑鸠却不需要大风，一阵轻风就足以让它跳跃起来，否则不仅是它而且我们也经受不住。顾彬评论里的最后一句话意味深长，意在启发读者的思考："我们赞赏斑鸠，也许是它明白的道理比讲述者和读者所赋予它的还要多吧？"①

庄子思想的出发点是中国古代祭祀文化，这一上古宗教特质给庄子思想罩上了一层神秘主义面纱。庄子追求超凡脱俗、放飞心灵，主张通过孤寂和隐居回归存在的本源，以达人"道"合一、天人和谐之境界。这些都与神秘主义的基本信念不谋而合。庄子意欲借心灵一对自由的翅膀，让其如《逍遥游》中的鲲鹏一般，扶摇直上九万里，最后走向无所待的逍遥境界，以此完成生命主体的自由，完成灵魂复归的过程。在前言里顾彬就着重提到这个著名寓言，他提出的核心问题是，大鹏高飞是一场精神之旅，是与世界本质相遇而无法言传之体验的意象表达，但这需要有场所为依托，才能从地面起飞穿越苍穹从而到达宇宙深处。无论是大鹏还是斑鸠，抑或是青蛙还是蝴蝶，都无法逃避对场所的依赖性。顾彬由此扩展到了当代西方哲学对这一问题的观点，从而在比较哲学的视角下再次审视庄子哲学。这是霍格雷博（Wolfram Hogrebe）所言的我们人类生存的原始场景，无论我们能否被世界所救赎，即使"der eigentliche Mensch"（真人、至人、天人、神人）也要寄身于某物才能

---

① Zhuangzi: 2013, S. 115.

得以施展,才能以脱离低级存在的形式出现在我们眼前。①

顾彬赞同德国汉学家和哲学家亨利克·耶格尔把庄子哲学比作"模糊哲学"②的观点,因为当代德国哲学也早已摒弃了"终极解释"的哲学理想,取而代之的是怀疑论和"无知"。存在的无限性与不可测性构成了庄子哲学的概念"玄"。道教中人和执着求索世界本质的浮士德并不相同,因为他们对此早已明晓。庄子置身于"道",置身于不可穷尽的无限和万物的转换之中,人们也只能隐秘地去感知世界的无限和转化的规律,无法达到所谓的"知"。但从另一方面考虑,这会产生不同的看待问题的观点和角度,在我们狭隘的思考尽头会有其他迥异于我们惯常思维的想法,这让我们会对不同见解保有开放的态度。西方哲学的怀疑论自蒙田起便已从"也可能是这种情况"演变为"只能是这种情况,不允许有其他可能",难怪哈贝马斯将哲学描述为令人绝望之地。对于庄子而言,进入全面"忘"的状态才能开启真正的认识,才能知晓存在的本质。西方哲学也有关于更高的认识并非是"认识的幸福"这一观点,因为如果认识超出了我们的能力,这种情况可能蕴含着风险。因此,在中国的思想史上,过多的"知"意味着"不知"这一观点的存在也并非偶然。③

顾彬的《庄子》不仅是翻译庄子的文本,而且也要批判性地阐释庄子的思想。在此,他要为斑鸠和井蛙正名,它们选择了腾挪于林间空地的卑微生活,这其实符合庄子的养生之道,甚至可以说实践了它们所理解的"忘",不想不胜重负,就必须忘记宏大的整体。也许对于庄子来说,这不是他所提倡的"忘"。但斑鸠和井蛙的处世之道与无用之树和残缺之人所体现的"道"异曲同工。德国当代哲学家马夸尔德的《不幸

---

① Zhuangzi: 2013, S. 19 f.
② Henrik Jäger: 2009. S. 51.
③ Zhuangzi: 2013, S. 22.

之幸》也讨论过这个主题，要赞赏所有的不完美，因为它是真实所在。也许庄子会认为斑鸠和井蛙缺乏对自身的认识，不会思考渺小的存在之外的可能性，以至于两者不过是精神上的残缺者。在顾彬看来，庄子在这一点上的认识其实也是束缚于既成事物和观念而已。在译本前言的最后，顾彬谈到何谓幸福。德国哲学家约瑟夫·皮佩尔（Josef Pieper）曾说过，幸福是与神性的相遇。即使庄子本人并没有论及幸福，但也可这样总结庄子和我们对于幸福的相似理解，即幸福是面对世界本质的生活。①

第六节　维克托·卡林科的《庄子》译介

进入新世纪以来，更多学者从不同视角出发对《庄子》进行了更为系统、深入的解读，在很大程度上推动了《庄子》在德语区的进一步翻译和传播，促使《庄子》在德译介情况更趋全面。2017年，德国莱比锡文学出版社发行了由汉学家、作家维克托·卡林科翻译的《庄子》全译本。

翻译目的和译本特点

自19世纪末20世纪初就在西方世界掀起了研读道家思想的浪潮，但截至2017年，在德语国家还没有从中文直译过来的《庄子》全译本，人们阅读的多是卫礼贤1912年翻译并再版至今的《庄子》节译本。卡林科认为，卫礼贤缩略了原文近三分之一的内容并重新组合篇目结构，虽然其译本在20世纪初的西方社会具有引领作用，影响至今，但是他将犹太—基督教色彩的词汇融入中国古典哲学的译法，会导致西方读者

---

① Zhuangzi: 2013, S. 23 f.

某些理解上的混乱。舒马赫2008年的《庄子》全译本是基于美国汉学家梅维恒的英译本而来，特色突出，但是基于对英译本和卫译本的依赖性，舒马赫译本中的某些翻译问题依然存在。德国汉学家穆勒也认识到了这一点："庄子在德国显然没有老子有知名度，因为《庄子》德译本并不多，在这数量很少的德译本中，多数却又是不完整的。所以和《老子》情况不同，这些译本并不一定展现了原作风貌。"①

19世纪末到"二战"以后，道家文本被译介者视为西方价值观的映照，这种传统的接受模式曾盛行一时。与之相反，卡林科强调在翻译时要对庄子文本进行历史批判性的诠释。译者不仅要探求《庄子》发生史、版本史和效果史，还要分析《庄子》文本形态，包括类型（对话、譬喻、故事、教导、预言）、体裁（叙事、诗歌、戏剧）、结构（情节）、词汇和概念，最后还要考虑到语境即文本功用（如对既存儒家思想的反驳）和互文比较（《老子》或者《列子》）②。卫礼贤的译本自出版以来就没有进行过更新和修订，迪德里希斯出版社出于便利发行口袋书时，删去了卫礼贤最初的丰富注释。卫氏译本的百年传播似乎表明，关于庄子及其思想似乎不再有新意可言，读者已然接受译者主观缩减的版本，而其他诸如马丁·布伯的节译本虽然文笔优美，但是其融入自我哲学理念的预设立场无疑会影响人们对庄子思想的客观认识。汉学家顾彬在他的《庄子》译本前言里提出"为何又是庄子？"的疑问时，批评了当前人们对庄子的盲目崇拜风气。虽然《庄子》在图书市场上远不是畅销书，但是没有严谨而全面的德语译本也影响了德语读者对庄子哲学的读解，从而形成僵化而难以修正的庄子印象。

为此，卡林科提出了自己的翻译方法。卡林科的《庄子》译本是以1884年黎庶昌所辑的《续古逸丛书》（8~12卷）中《南华真经注疏》为

---

① Hans-Georg Möller: 2010, S. 22f.
② Zhuangzi: 2017. S. 88.

底本。译者主要参考了"中国哲学电子书计划"网站提供的拼音书写，哈佛燕京学社《庄子引得》，国内学者汪榕培以郭庆藩《庄子集释》为底本进行校点和翻译的《庄子》两卷本。百年以来在西方世界具有影响力的英、德译本均被纳入了卡林科的参考译本范围，如从早期的理雅各、卫礼贤、林语堂译本到后来的沃森、葛瑞汉（Angus C. Graham）、任博克、梅维恒等译本。为了最大限度地忠实于原文，译者卡林科耗时7年，秉承文从字顺的直译原则，按照汉语拼音—词语对照翻译—段落翻译—译后评点的排列方式，依循原书结构逐节译出。其中词语对照翻译采用精准的行间距翻译模式，且对每一个词汇单位标明词类，加注标点。译本每一章节译前有导读，篇目译后有评点，译者结合英德译本及注释还有中文的庄子研究文献，进行原文释义和翻译比较，引用严谨，内容翔实。试看第二章《齐物论》"庄周梦蝶"的译文体例：

Dieser Abschnitt beinhaltet den berühmten „Schmetterlingstraum".

昔者庄周梦为胡蝶，栩栩然胡蝶也，自喻适志与！不知周也。俄然觉，则蘧蘧然周也。不知周之梦为胡蝶与，胡蝶之梦为周与？周与胡蝶，则必有分矣。此之谓物化。

xī zhě zhuāng zhōu mèng wéi hú dié, xǔ xǔ rán hú dié yě, zì yù shì zhì yú！bù zhī zhōu yě. é rán jué / jiào, zé qú qú rán zhōu yě. bù zhī zhōu zhī mèng wéi hú dié yú, hú dié zhī mèng wéi zhōu yú？zhōu yǔ hú dié, zé bì yǒu fēn yǐ. cǐ zhī wèi wù huà.

früher / <Pron.> / zhuāng zhōu（Zhuangzi）/ Traum / werden / Schmetterling /, / lebhaft / wie / Schmetterling / <Part.> /, / selbst / Gleichnis, im Einklang erklären / passen, entsprechen / Wille, Ziel / mit / ！/ nicht / wissen / zhōu（Zhuangzi）/ <Part.> /./ kurz darauf / wie / aufwachen, wahrnehmen /, / dann freudig überrascht / wie / zhōu（Zhuangzi）/ <Part.> /./ nicht / wissen / zhōu（Zhuangzi）/ <Gen.> / Traum

/ werden / Schmetterling / <Fragewort> /, / Schmetterling / <Gen.> / Traum / werden // zhōu（Zhuangzi）/ <Frage> / ? / zhōu（Zhuangzi）/ und / Schmetterling /, / dann / unbedingt / haben / trennen, unterscheiden / <Part.> /./ dies <Pron.> / nennen / Ding, Lebewesen / werden, Wandlung /./

Einst träumte Zhuang Zhou, ein Schmetterling zu sein, ein lebhaft flatternder Schmetterling, glücklich mit sich selbst, nur seinem Willen folgend. Er wußte nicht, daß er Zhuang Zhou war. Wie freute er sich, als er kurz darauf erwachte [und feststellte]: „Da ist Zhuang Zhou!" Doch er wußte nicht, war er Zhuang Zhou, der geträumt hatte, ein Schmetterling zu sein, oder war er ein Schmetterling, der geträumt hatte, Zhuang Zhou zu sein? Zwischen Zhuang Zhou und dem Schmetterling muß es doch einen Unterschied geben! Das ist damit gemeint, daß sich die Lebewesen wandeln.

在后续的译文点评中，卡林科先引证了陆德明、司马彪、向秀等人对"蝴"和"蝶"的释义。接着，他认为理雅各、葛瑞汉、布伯、汪榕培等人在译文中增译"我"作为主语，对于寓言理解而言并非必要。耶格尔没有把"为"作为系词处理，而是译为实义动词"werden"，意在强调死亡之后的转化思想，是依据某些注疏观点而行的。就此，卡林科引用了郭象和王夫之的观点，郭象认为"庄周梦蝶"阐述了一种变化之理，而王夫之则强调了蝴蝶和庄子的本性差异。

卡林科在译本导论部分花了近90页篇幅，对庄子生平、《庄子》内容结构、《庄子》的思想价值、庄子与其他诸子的关联、《庄子》的效果历史、《庄子》在东亚和西方世界的传播与影响、《庄子》英译及德译情况、重译和全译《庄子》的必要性、卡氏译本的翻译方法等诸多方面都做了详尽说明。此外，卡林科还用了将近200页篇幅做了《老子》—《庄子》一词语索引，对两部哲学著作的核心概念和常见词汇做了全面的比较，从中得到了具有说服力的结论，也让读者从实证的角度了解老庄思想的联系和不同。这无疑是一项十分有价值的研究。卡林科的全译本可谓雅俗共赏、丰富全面，不同层次的受众都会从中收获不一样的阅读体验。一方面，它因提供了早期各版翻译评介的提要，特别适合汉学家、翻译学家和庄学研究者使用；另一方面，译本也适用于对庄子、道家思想和中国古典哲学感兴趣的非专业读者，为其洞察神秘的东方思想开启方便之门。

庄子思想评述

与《道德经》一样，《庄子》被视为中国古代道家学说最重要的思想源泉。古今中外的许多学者都对庄子及其著述给予了高度评价。卡林科就此援引司马迁在《史记》中的记载："然善属书离辞，指事类情，用剽剥儒、墨，虽当世宿学不能自解免也。其言洸洋自恣以适己。"还有后世流行的《庄子》编注者郭象在其《庄子序》里的评价："……犹足旷然有忘形自得之怀，况探其远情而玩永年者乎。遂绵邈清遐，去离尘埃，而返冥极者也。"[①] 论及庄子在德语世界的影响，都绕不过20世纪初期德国知识界对于中国古典文化的推崇。在第一部《庄子》德译本的长篇"译后记"里，宗教哲学家马丁·布伯就对庄子思想的博大精深极尽溢美之词，认为《庄子》为人类精神世界树立了无法企及的标杆。诗人、小说家赫尔曼·黑塞深受庄子朴素哲学和创作风格的影响，称之为中国最具独创性和诗人气质的思想家。到了当代，庄子思想的影响也依然存在。

庄子以独特的审美视角和强烈的批判意识，诠释了"自由"这一人生理想的最高境界。庄子对于"自由"的诉求是通过"道"这一基本范畴实现的。人只有"为无为"，使自我与万物齐同，顺应自然规律和变

---

① Zhuangzi: 2017. S. 7.

化，才能达到"无己、无待、逍遥而游"之绝对自由状态。庄子的自由观是建立在驳斥理性、仁爱、义务、礼教基础之上的。卡林科引用了德国著名社会学家、哲学家马克斯·韦伯区分道家与儒家的观点。韦伯在《儒教与道教》一书中将道家理解为"离经叛道"和"与主流观点相左"的学说派别，并对庄子对儒家的批判做了如下归纳：着重悟性意味着倾向于表象之虚；追求理性则是沉溺于话语之声，宣扬仁爱实是对自我道德修行的困惑；倡导义务是与自然规律（天道）的对抗；崇尚礼教恰是迷恋陋俗的表现；追求神圣不音失去自然形态的过度矫饰；无所不知是对拘泥于细节的掩饰。①庄子的自由观超越凡俗、空虚杳渺，反对一切对个体思想的束缚和羁绊。当代瑞士汉学家毕来德（Jean François Billeter）在其著述《庄子四讲》里也对庄子的自由观做了阐述。毕来德从解构思想出发，指出庄子追求的个体精神解放对于西方社会具有重要现实意义。他认为西方世界的精神与物质、思想与身体二元论以及主体和主体范式正日益遭受解构与质疑，这场西方文化领域的深刻变革与庄子"天人合一""无己、无功、无名""外化内不化""超越空间、生死、义利限制"的哲学主张达成了极强的共鸣。②

在卡林科眼里，司马迁并非中立客观的历史学家，他对庄子的描述难言冷静理性，而更像是提供给统治者的鉴定报告。司马迁在刻画庄子形象时刻意凸显庄子对儒家和墨家的鄙视态度，从而导致《庄子》在汉代未被奉为经典的尴尬。因此卡林科建议，除了参阅司马迁的《史记》记载之外，人们也可以从分散在《庄子》各篇里的对庄周的描述，勾勒出一幅相对完整的庄子形象图。例如《庄子·至乐》里关于"庄子妻

---

① Max Weber: *Gesammelte Aufsätze zur Religionssoziologie I.* Tübingen 1988 (Erstauflage 1920), S. 474f.
② Jean François Billeter: *Das Wirken in den Dingen. Vier Vorlesungen über das Zhuangzi.* Berlin 2015, S. 140ff.

死，鼓盆而歌"的故事；《庄子·列御寇》里用"处穷闾厄巷，困窘织履"描写庄子的生活处境；《庄子·秋水》里描写的庄子与惠施的"濠梁之辩"；《庄子·山木》里庄子与弟子围绕杀鹅的讨论；《庄子·秋水》里的"庄子钓于濮水之上"；《庄子·田子方》里庄子与鲁哀公就儒教普及的谈论；《庄子·知北游》里庄子与东郭子之间的论道；《庄子·至乐》里有关"庄子之楚，见空骷髅"的叙事；《庄子·说剑》里关于"庄子以剑喻国，旨在说明为政当无事，以无为而治就会得到治理"的描述；等等。卫礼贤称庄子是在许多典籍文本中出现的田子方的弟子，而田子方又是孔子弟子子夏的门生，后者曾在庄子故乡居留过一段时间。卫礼贤由此推断孔子和庄子在思想上的亲和性，也就是说庄子实为第二代儒家弟子。但卡林科指出，《庄子》第21篇通篇都以"田子方"为标题，该篇对上述哲人和思想家之间关系的描述与卫礼贤的说法出入甚大。根据《庄子·田子方》里的阐述，田子方曾师从东郭子，而在后几篇里东郭子拜见庄子并聆听其教诲。由此卡林科认为，庄子不可能如卫礼贤所言，既是田子方的弟子同时又是东郭子的老师。①

庄子身陷战国时期"百家争鸣"的旋涡，但他既未公开支持某一制度、国家或者思想，也没有为了谋求官职而游走列国。《庄子》成书的年代正值儒学被尊为国教和显学之时，以庄子为代表的追求思想自由的人士纷纷出离世俗、遁入自然，以唯灵主义方式解读和顿悟道家学说。《庄子》汇聚了对其他思想家和文化人士的攻讦和揶揄，具体表现为与名家学派开山鼻祖惠施以及与墨子、列子、杨朱等不同哲学思潮代表人物之间的辩论。卡林科认为，《庄子》中的某些辩对实际上是对孔子《论语》对话的夸大、影射和扭曲。迄今关于《庄子》著者的主流观点认为，内篇构成《庄子》一书真正的思想核心，应出自庄子本人手笔，

---

① Zhuangzi: 2017, S. 17.

外篇和杂篇实为庄子弟子及后世托名。但内篇中亦有多处以外视角述及庄子的地方，例如《庄子·逍遥游》和《庄子·德充符》里庄子与惠施的"大而无用"之争和"人故无情"之辩。再比如《庄子·齐物论》里"庄周梦蝶"的主人公明为庄子，但却避免采用第一人称叙事。对此一种可能的论断是，中国古代文人在谈及自身时惯常采用第三人称叙事视角。卡林科认为，人们从《庄子》内篇中可以找出大量相互矛盾的思想观点，能够赋予庄子神秘主义者、怀疑论者、形而上学者、一元论者、二元论者、直觉主义者、有神论者、自然神论者、不可知论者、相对论者、宿命论者、虚无主义者、语言哲学家、存在主义者、诗人等诸多不同身份，所有这些都能从《庄子》内篇中找到例证和引文加以佐证。①卡林科在此罗列了两个相左的观点。20世纪的德国汉学家阿尔弗雷德·佛尔克（Alfred Forke）推测，庄子和苏格拉底一样，是以他的名字命名的作品的策划者，但并非一定是该作品的撰写者。《庄子》通篇在文体和内容上的异质性就是对这一假设最好的解释。相反，当代德国汉学家、文学翻译家汉斯·彼得·霍夫曼（Hans Peter Hoffmann）从文本批评视角出发，认为以篇章结构和内容叙事的异质性见长的《庄子》一书恰恰可能是同一作者所著，因为马克斯·韦伯就曾把异质性描述为道家思想的本质特征。毕竟在以儒家为主导学说的年代，"另类"思想家必须向批评话语中注入诡辩修辞、夸张文体和空灵想象，才能引起他人的关注和达到预期效果。霍夫曼专门援引《浮士德》第一、二部截然不同的文风，来论证《庄子》这一奇特的语用维度。②

"老庄"哲学一般被视为道家思想的代名词。老子基于对自然现象的隐喻阐释，从阴阳学说中衍生出一种政治伦理学，它以促使各方倾力

---

① Zhuangzi: 2017, S. 37.

② Ebd., S. 37 f.

达到均势为主要目的，推崇道法自然，以使统治者无为而为。传统观点大都把司马迁关于庄子传记的记载奉为权威，将庄子视作老子思想的继承人。但卡林科反对把《庄子》看作是老子宇宙自然论思想的线性续接，他认为《庄子》里充斥着大量真实和虚构的人物与故事，各种相互矛盾的观点林立，且庄子除有志归隐山林之外，对向统治者提供咨政建议毫无兴趣。瑞士汉学家毕来德甚至质疑庄子的道家归属，因为"道家"是后来汉代历史编撰者建构的概念，而真正意义上的道教则是在庄子之后的东汉末年才开始出现，且提及庄子的笔墨少之又少。① 就《老子》和《庄子》产生的年代顺序而言，西方汉学界也不乏将《老子》列于《庄子》之后的怀疑论者。英国著名汉学家、翻译家翟理思就率先提出《老子》成书于西汉的观点。美国知名汉学家、敦煌学家梅维恒断言，《老子》并非老子一人所作，而是后来由多位古代智者共同写成。1993 年出土于湖北省荆门市郭店一号楚墓的竹简本《老子》产生于战国中前期（约公元前 278 年），是现已发现最早的《老子》版本。根据这一考古发现，《老子》成书晚于《庄子》的推测是不成立的。总之，现当代一系列考古发掘和道家研究成果皆表明，老子的话语和思想奠定了道家学说的基石，影响了包括孔子、杨朱、荀子、庄子和韩非子在内的诸多思想家。

卡林科对郭象《庄子》校注本也做了评价。在汉代之后的魏晋时期至宋朝中叶之间，儒学影响暂时消退，出现了一种崇尚老庄、以《老子》和《庄子》为研究核心的哲学思潮。这种道家学说新的表现方式史称玄学，"玄"字起源于《老子》中的"玄之又玄，众妙之门"。顾名思义，玄学意即研究幽深玄远问题的学说，又有"新道家"之称。魏晋玄学的主要代表人物首推王弼和郭象，前者专注于对《老子》的评述，著

---

① Zhuangzi: 2017, S. 40.

有《老子注》，后者则以《庄子注》一书集中阐释庄子思想。郭象在同期文学家向秀《庄子注》的基础上，完成了对庄子的注释。郭象依循庄子的基本思想借题发挥，在注本中穿插融入了许多个人思想，以此为后世文人树立了一种文本创作典范，那就是依托某一经典作品，以注解的形式传播个人思想。郭象在《庄子注》中凸显了从"自在、本在、自发性"意义上讲的"自然"概念，在很大程度上从《庄子》原版里剔除了对高级生命、神性、造物主和超验世界原则的指涉。对他而言，宇宙万物不受外力干预的影响，皆遵循自然规律自我变化。在相应的环境条件下，任何生命都能够自由发展。这正应和了《庄子·秋水》篇中"濠梁之辩"中"非鱼却知鱼之乐"的典故。同时卡林科也明确指出，郭象在致力于《庄子》用词统一之余，亦不惧权威，敢于对庄子进行根本性批判。郭象在其《庄子注》序言里虽认可庄子对个体生命的关注，但却对庄子未将自己汪洋恣肆的认知应用于生活实践颇有微词，这样就导致了在静寂、自由和无意识中推崇无为的智者与现实生活的凡人之间不可逾越的鸿沟。① 可以认为，在西方汉学界，卡林科对于郭象的《庄子注》给出了十分中肯的评价。

第七节　奥利弗·奥曼的《庄子》译介

德国卡尔·阿尔贝出版社（Verlag Karl Alber）2018年出版了《庄子内篇》，这是迄今为止最新的《庄子》德译本。该节译本由在大阪大学语言和文化学院执教的奥利弗·奥曼所译，奥曼的东方学背景为其对原文的理解翻译提供了有力的支持。

---

① Zhuangzi: 2017, S. 47ff.

翻译原则与方法

作为《庄子》最新译本的译者，奥曼首先回顾了《庄子》在德语世界的旅程。1910 年，马丁·布伯从翟理思的英译本转译而成第一部《庄子》德语节译本——《庄子的言论和寓言》，可谓首开《庄子》德译之先河。卫礼贤 1912 年出版的《庄子：南华真经》是第一部从汉语直接译成德语的《庄子》译本。卫氏译本选译了 28 篇《庄子》文本，长期以来被奉为《庄子》德译的范本，为《庄子》在德语区的传播与接受，以及提升《庄子》在德语世界的知名度做出了不可估量的贡献。斯蒂芬·舒马赫 1998 年基于梅维恒的英译本，将郭象所注《庄子》33 篇全部译成德语，推出了《庄子》译介史上第一部德语全译本——《庄子：道教智慧经典》。2017 年维克托·卡林科出版的译本是《庄子》在德语区的第二部全译本，该译本不仅详细梳理了《庄子》在西方世界的传播与接受史，还对此前出版的德语及英语知名译本做了广泛的比较。此外，有一定影响力的还包括亨利克·耶格尔 2009 年初版、2018 年再版的《忘足，履之适也——庄子读本》，以及 2013 年顾彬的《庄子：关于不知》节译本。纵观已有的《庄子》德译本，译者在遇有疑难句段时均借鉴了大量针对原作的中、德文双语次级文献，继而根据自己对文本的理解选定一种解读方式，最后生成译语文本。无论是微观层面上的字词义还是宏观层面上的文段义，都已成为一个世纪以来《庄子》德译话语津津乐道的对象话题。不同译者结合《庄子》文本的历史语境和自己所处的社会文化语境，往往生成带有鲜明主体烙印的不同译本，其翻译决策既有一定的说服力，又存有一定程度的争议。但是奥曼明确表示，他没有参考任何英译本和德译本。一方面，对庄子感兴趣的读者可以自行进行不同译本比较；另一方面，也要避免出现对其他译者和庄子爱好者轻率评判的情况。①

奥曼的《庄子内篇》译本篇幅不长，编排简明，译本附录里的注释仅局限于事实性解释或者指明其他义项。除了参考文献之外，奥曼在附录里还将中日《庄子》重要版本和评著悉数列出，参考了20世纪日本学者的庄学研究成果，便于德语读者做跨文化的比较，拓宽知识视野。为了最大限度地再现原著的思想内涵和语言风格，奥曼交互参照已有的注疏文献。得益于其深厚的日本学背景，当中国和日本学者在某处理解出现明显分歧时，奥曼会进行特别注释，为德语读者提供不同的参照，这是奥曼《庄子》译本的一大亮点。例如在翻译《庄子·齐物论》中的"庄周梦蝶"一文时，奥曼将"栩栩然"译为"umherflatterte"（翩翩飞舞，扑扑振翅），"蘧蘧然"译为"erschrocken"（受惊的、惊吓的）。在附录里对此节的注释中，奥曼列出他所依据的日本研究者赤塚忠的《庄子》译注本，也比较了传统注家如陆德明的其他释义。奥曼认为，在修辞上蝴蝶展翅飞舞和庄周讶异不已是一种对照关系，这样翻译可以形象地描述出梦中的蝴蝶与醒后的庄周于身体变化和感知的连续性。

对于核心概念"道"，奥曼并没有译出具体含义，而是将之大写为"Dao"，把它当作德语的一个专有名词来处理。庄子之"道"经常表现为天地运行过程，乃世间万物存在之根本。但《庄子》各篇对"道"的侧重点略有不同，它时而为一种抽象的宇宙原则，时而与自然同宗同源。与之类似的还有核心概念"德"。虽然奥曼将"德"多数译为"Tugend"（德行），但是根据上下文语境也会将之译为"Fähigkeit"（能力）、"Macht"（力量）、"Wirkkraft"（效力）、"Innerlichkeit"（内在），等等。对于"心"的翻译也是如此，其基本含义是"Geist"（精神），但

---

① Zhuangzi: *Das Buch Zhuangzi-Die Inneren Kapitel*. Übersetzt und kommentiert von Oliver Aumann. Freiburg/ München 2018, S. 22.

奥曼视具体情况译为"Herz"（心）、"Bewusstein"（意识）、"Ich"（我）或者"Seele"（心灵）等。

就翻译策略而言，奥曼尝试使译文精确贴近原文，尽可能再现原作的文体特征和语言图景，推崇异化翻译策略。这种翻译方法不可避免地会使译文在局部产生陌生化效果，但奥曼认为，这种异化翻译恰恰是自己译本的一大优势，因为译文会时刻提醒读者，他们眼前的文本来自遥远的古代和异域文化之邦，也只有以陌生化或异化翻译策略再现中国典籍文本，《庄子》博大精深的思想内涵、玄妙幽默的寓言叙事和天马行空的文体格调才能栩栩如生地展现在德语读者面前，凸显《庄子》跨越时空的永恒意义。

译者的庄子评述

和其他译者一样，奥曼首先在译本导论里对庄子及其思想做了系统的介绍，其中不乏新颖的观点。首先，他对《庄子》成书的时代背景和内容结构做了梳理。

《庄子》一书产生于中国古典哲学时期，这一时期包括儒学在内的诸多哲学流派纷纷开始登上中国思想史的舞台。同时，这一时期也是中国历史上重要的政治和社会变革时期。当时的周朝国势渐微，礼崩乐坏。尤其到了东周末期，国家四分五裂，诸侯割据一方，中国历史进入群雄争霸的战国时期。在这种时局动荡和社会巨变的背景下，政客、文人和思想家无不开始探寻改革政体、安定社会、造福黎民的新思路和新策略。也正是在这种特殊的历史条件下，不同的中国古典哲学思潮从理论和实践两个层面出发，在冥想和探究个体、万物、宇宙存在的本源之余，更多地将注意力转向为君王治国理政和安定社会提供谋略上来。随着周朝政权的逐渐瓦解，那些昔日衣食俸禄的士大夫开始周游列国、游说讲学、著书立说。他们大多有过朝廷史官的经历，参与过史料文献的编纂、整理和记载工作。在这些编年史文集中首推《吕氏春秋》最有影响力。该书以儒家学说为纲目，以道学思想为根基，以名家、法家、墨家、农家、兵家、阴阳家等学说为素材，熔铸"诸子百家"学说，闪耀着博大精深的智慧之光。当时各哲学流派无不以《吕氏春秋》的内容记载为其理论创设的基础和引经据典的依据。《庄子》的成书轨迹亦不例外。

《庄子》及其所汇编文本在思想内涵上与孔子、孟子和荀子的儒家学说，以及与墨家、法家等门派的哲学思想皆有所不同。《庄子》从根本上对国家政权乃至社会制度持批判态度。与战国时期大多数思想家相反，庄子并不从国家政权的组织形式中寻求安邦定国之韬略，而是将之视为民不聊生、世事艰难的罪魁祸首之一。有学者提出，《庄子》文本的叙事风格令人联想起战国时期的巫师、萨满或者跳神，这是一个与谙熟书面语的精英士大夫和朝廷史官截然对立的社会群体。① 奥曼认为，尽管目前这样的推测尚无法得到证实，但《庄子》一书里明显有指涉萨满教的描述，例如灵魂之旅（"魂魄将往，乃身从之。"《庄子·知北游》），法力实行（"乘云气，骑日月，而游乎四海之外。"《庄子·齐物论》），梦的启示（"周与胡蝶，则必有分矣。此之谓物化。"《庄子·齐物论》）等。总体说来，《庄子》对精通祈雨舞、治疗仪式和与鬼神对话的奇人法师持怀疑态度，并使其奇技淫巧从属于道家智者的宇宙认识。

《庄子》是道家思想的基础文献和中国古典哲学的经典文本。除了作品中几篇寓言故事和奇闻逸事对于庄子（庄周）的描述之外，人们对庄子生平的了解基本源于汉代史学家司马迁在《史记》里的简短记载。《庄子》文本想象丰富，语言奇巧，善于对微妙难言的哲理进行寓言化处理，读来引人入胜。此外，《庄子》对自然万象观察、描写之精确无

---

① Wolfgang Bauer: *Geschichte der chinesischen Philosophie*. München 2009, S. 39.

与伦比，令同时代的其他思想艺术作品难以望其项背。日本学者野村茂夫也称，此书核心部分（《庄子》内篇）的撰写者必定深谙山水之性情、自然之灵气。①

《庄子》是集不同文本而成的思想汇编。作品中各家学说、各派观点交融错杂，其中也不乏相互对立、前后矛盾的论述。今天绝大多数庄学研究者都认为，《庄子》各篇应出自不同笔者。还须考虑的是，纸张作为书写介质在庄子生前尚未大量使用，当时的文稿都是每句一行写在竹片上，继而串装成书简。在后来的编辑整理工作中人们很容易将各部分文句颠倒混置，以致无法还原上下文的逻辑关联，《庄子》一书里有几处就给人这样的印象。今天通行的《庄子》版本共计33篇，由西晋玄学家郭象所注。时至郭象《庄子》原本已流传数百年之久，很多地方已难以辨认和理解，因此郭象的注本包含许多对古旧文字和疑难概念的解释。《庄子》只有内篇7篇配有真正意义上的、指涉篇文主题的三字标题，而其余篇章皆以正文头两个汉字为标题。因《庄子》内篇在主题刻画和叙事内涵上浑然一体，浓缩了庄子哲学的核心思想，故常被视为《庄子》一书之精华，亦常以单行本形式翻译出版。奥曼的《庄子》内篇译本即是以此为出发点。

奥曼总结了老子和庄子思想上的关联。司马迁在《史记》里把庄子描述为老子学说的继承和宣讲者。但若考虑到《庄子》的篇幅和较长的创作周期，那么这两部道家经典在创作时间上绝非简单的先后关系。《道德经》短小精悍，全篇以81句箴言约合5000字的篇幅，将世间万物的生存根基纳入"道"这一动态过程，探讨修身、治国、用兵和养生之道，论述多以政治为旨归。对逝去的美好过去的感伤、怀旧和追缅贯

---

① Zhuangzi: *Das Buch Zhuangzi-Die Inneren Kapitel*. Übersetzt und kommentiert von Oliver Aumann. Freiburg/ München 2018, S. 14.

穿《道德经》始末，这与儒家学说有诸多相似之处。与之不同，《庄子》里的智者和哲人大多具有真名实姓，他们个性张扬、桀骜放旷，以对话、争辩和叙事形式探寻世间真理和生死观念。《庄子》文笔深邃而又幽默，怪诞不失诙谐。在当时中国众多经典哲学作品中，《庄子》以其"去政治化"格调独树一帜。也就是说它并不以为君王侯爵建言献策为己任，而是面向芸芸众生，专注于人性顿悟和个体修为。《道德经》在字数和篇幅上的简洁恰恰反衬出其许多箴言在语义表述上的模糊性，这也给众多译者提供了无限的遐想和阐释空间，译成他国文字的译本自然也就丰富多样。[1] 根据联合国教科文组织的粗略统计，《道德经》是除《圣经》以外外文译本发行量最多的文化典籍。与之相比，《庄子》外译情况就显得"默默无闻"得多了。同为道家经典，《庄子》在西方译介的不平衡状态也是促使奥曼推出德语新译本的动因之一。

奥曼还提到庄子哲学中的重要概念和主题。《庄子》从不同的视角切入，探讨了丰富多变的主题，而且从众多对话、寓言和逸事中得出的结论也不尽相同。对人与自然、人与技术之间关系的拷问以及对真人、至人、神人、圣人这些得道者形象的描述贯穿《庄子》全篇。庄子沿袭了老子关于"道"的学说，在此基础上对"道"做了进一步阐发，使"道"成为庄子思想中最基本的概念。"德"也是《庄子》里内涵丰富的概念，"道"生"德"，"德""道"同构。"德"既表达个体在内心和、在外安命之德行，又烘托提升个体自我修为，以达不为外物所伤之境界，同时也描述出一种超脱个体的理想的社会秩序。修行者须通过心斋、坐忘、无为等践行方式，达到"德"的要求，并最终得"道"。《庄子》宣扬清静无为的人生境界，主张放弃一切行动主义，杜绝人为操控

---

[1] Zhuangzi: *Das Buch Zhuangzi-Die Inneren Kapitel*. Übersetzt und kommentiert von Oliver Aumann Freiburg/ München 2018, S. 16f.

事物运行规律的企图。"无为"思想衬托的是一种对人类理性行为和理智决策的怀疑态度，因为庄子认为，人甚至无法明辨虚实、动静和真假。《庄子·齐物论》里"庄周梦蝶"的典故就很好地阐明了这一思想。

奥曼认为，《庄子》通篇在思想内涵上并非一以贯之的整体，理解某一章节并不一定要以阅读前文为先决条件。《庄子》整书都呈现一种松散的文本结构，它们仅在内容上具有某种相似性。为了彰显原书的结构特征，译者在译本编排上刻意将文本言说划分为小的自然段，使每一段都包含相对完整的一段对话、一场争辩或者一则寓言，这样每一段都可作为一个独立的理解单元。奥曼强调，人们不必依循从头至尾的传统通读模式，而是可以信手翻开《庄子》，从任意一篇开始细细品读。对于今天习惯于快速、浏览式和碎片化阅读的读者而言，这样的品读方式无疑构成了一种挑战。但在他看来，如果人们坚持这种"细嚼慢咽"的方式，那么在阅读过程中人们会不断回忆起前文读过的章节，以此逐渐使《庄子》以完整的容貌呈现在自己眼前。① 《庄子》全书观点林立，思想错杂，各种声音交叠，给人混乱矛盾之感。但另一方面，《庄子》文本恰恰赋予读者"逍遥游"般的阐释空间，激励读者于无尽的自由和徜徉中细读文本。从《庄子》各篇得出"确切"的结论是不现实的，也与庄子的思想旨意相悖。研读《庄子》实则为悟"道"的过程，道家思想的核心就是永无定态、不断发展的"道"。

---

① Zhuangzi: *Das Buch Zhuangzi-Die Inneren Kapitel*. Übersetzt und kommentiert von Oliver Aumann. Freiburg/ München 2018, S. 20.

第四章 "庄周梦蝶"六译本对比分析

《庄子》成书于春秋战国时期,其文磅礴如喷薄红日,又逶迤如九曲溪流,在诸子散文中最富诗情画意。《庄子》一书行文风格变幻多端,且多以"三言"来传达思想、阐明道理,达到浪漫与思辨完美结合的境界。"三言"即寓言、重言、卮言,是《庄子》散文的基本表现形式。"三言"构建了《庄子》全书的叙述体系,以丰富的内涵、深邃的思想和奇异的风格在中国文学艺术表现手法中独树一帜。其中寓言构成《庄子》文本的主要形式,重言为庄子言说提供先贤佐证,卮言则承载庄子思想的具体内涵。寓言在《庄子》"三言"中占比最大,用墨最多,对后世文学笔触的影响也最甚。寓言并不通过逻辑思维方式来评判推理,而是借助形象化的故事演绎明理释义。因此故事性和寄托性构成寓言的两大特征。

"庄周梦蝶"出自《庄子·齐物论》的最后一篇。全篇寓言精练短小,不过62字,却以诡谲奇特的想象讲述了庄周梦醒之后不知是自己梦见了蝴蝶,还是蝴蝶梦见了自己的故事,从而表达了庄子"有分"和"物化"的哲学思想。"庄周梦蝶"属于典型的寓言式散文,通篇"寄寓之言,意在于此,而寄于彼"①。也就是说"庄周梦蝶"看似忆梦、说梦,实则寄寓了庄子博大深邃的哲学思想。庄子以观察缜密、思维敏捷的哲学家而著称,同时又兼具文学家和诗人的飘逸才情与浪漫气质。

---

① 陈鼓应:《庄子今注今译》,中华书局1998年版,第23页。

"庄周梦蝶"从相对主义出发，意在揭示万物之存在皆是有限和变换的，若要人为区分所谓有无、大小、是非、贵贱、贫富，等等；真实的本体就将不复存在。正如《齐物论》中所言："凡物无成与毁，复通为一。"只有从精神意识层面上超越虚幻的表象世界，以及挣脱物化世界的束缚和局限，方能达到"天地与我并生，万物与我为一"的境界。"庄周梦蝶"饱含了庄子的宇宙观和人生哲学，充分体现了庄子从人的个体存在角度对宇宙、人生问题的形象化阐述。

《庄子》虽在外译数量上不及老子的《道德经》，但它在德语区的翻译、传播与接受具有自身鲜明的特色，在典籍德译和接受研究中有一定的典型性和代表性。《庄子》在德语世界的最初译介可追溯到19世纪末，其翻译和传播活动一直持续到21世纪。从翻译文化视角来看，翻译必然受到历史文化语境的制约，文化本身的多元性和差异性使得翻译在跨文化交际过程中并不可能一帆风顺。译者需要有充分的文化能力，去接近源语文化，了解参与翻译过程的两种文化的异同，适当考虑目的语文本读者的接受视域，从而做出切实有效的翻译决策。

本章选用了在德语地区接受度较高的六个译本，即布伯、卫礼贤、舒马赫、顾彬、卡林科和奥曼译本，它们代表了《庄子》在德国的完整译介历程。以下将结合六个译本中"庄周梦蝶"寓言的德语译文，对照"庄周梦蝶"原文，从通假字和叠词、叙述主体、哲学概念三个方面，探讨上述译文如何传递原文的思想内涵和文化因素。

原文：

昔者庄周梦为胡蝶，栩栩然胡蝶也，自喻适志与！不知周也。俄然觉，则蘧蘧然周也。不知周之梦为胡蝶与，胡蝶之梦为周与？周与胡蝶，则必有分矣。此之谓物化。①

---

① 庄周：《庄子》，孙通海译注，中华书局2016年版，第90页。

布伯译本：

Ich, Tschuang-Tschou, träumte einst, ich sei ein Schmetterling, ein hin und her flatternder Schmetterling, ohne Sorge und Wunsch, meines Menschenwesens unbewußt. Plötzlich erwachte ich; und da lag ich wieder >ich selbst<. Nun weiß ich nicht: war ich da ein Mensch, der träumt, er sei ein Schmetterling, oder bin ich jetzt ein Schmetterling, der träumt, er sei ein Mensch? Zwischen Mensch und Schmetterling ist eine Schranke. Sie überschreiten ist Wandlung genannt.①

卫礼贤译本：

Einst träumte Dschuang Dschou, daß er ein Schmetterling sei, ein flatternder Schmetterling, der sich wohl und glücklich fühlte und nichts wußte von Dschuang Dschou. Plötzlich wachte er auf: da war er wieder wirklich und wahrhaftig Dschuang Dschou. Nun weiß ich nicht, ob Dschuang Dschou geträumt hat, daß er ein Schmetterling sei, oder ob der Schmetterling geträumt hat, daß er Dschuang Dschou sei, obwohl doch zwischen Dschuang Dschou und dem Schmetterling sicher ein Unterschied ist. So ist es mit der Wandlung der Dinge.②

舒马赫译本：

Einst träumte Zhuang Zhou, er sei ein Schmetterling–ein Schmetterling, der glücklich und fröhlich umherflatterte. Er wußte nicht, daß er Zhuang Zhou war. Plötzlich erwachte er und war ganz handgreiflich Zhou. Nun wußte er nicht, ob er Zhou war, der geträumt hatte, ein Schmetterling zu sein oder ein Schmetterling, der gerade träumte, Zhou zu

---

① Zhuangzi (Tschuang Tse): 1951, S. 27.
② Dschuang Dsï: 1912, S. 21.

sein. Es muß aber einen Unterschied zwischen Zhou und dem Schmetterling geben. Dies nennt man dies Transformation der Dinge.①

顾彬译本：

Zhuang Zi träumte einmal, ein Schmetterling zu sein, ein Schmetterling, der nichts anderes zu tun hatte, als herumzuflattern, und meinte, alles nach Herzenslust zu haben. Da wusste er nichts mehr von einem Zhuang Zi. Mit einem Male kam er wieder zu sich. Da erkannte er bestürzt, er war ja Zhuang Zi. Nun wusste er nicht mehr, hatte Zhuang Zi geträumt, ein Schmetterling zu sein, oder hatte ein Schmetterling geträumt, Zhuang Zi zu sein? Wohlan, zwischen Zhuang Zi und dem Schmetterling muss es einen Unterschied geben. Dies eben nennt man den Wandel der Dinge.②

卡林科译本：

Einst träumte Zhuang Zhou, ein Schmetterling zu sein, ein lebhaft flatternder Schmetterling, glücklich mit sich selbst, nur seinem Willen folgend. Er wußte nicht, daß er Zhuang Zhou war. Wie freute er sich, als er kurz darauf erwachte [und feststellte]: ‚Da ist Zhuang Zhou!' Doch er wußte nicht, war er Zhuang Zhou, der geträumt hatte, ein Schmetterling zu sein, oder war er ein Schmetterling, der geträumt hatte, Zhuang Zhou zu sein? Zwischen Zhuang Zhou und dem Schmetterling muß es doch einen Unterschied geben! Das ist damit gemeint, daß sich die Lebewesen wandeln.③

---

① Zhuangzi: 1998, S. 86.
② Zhuangzi: 2013, S. 61.
③ Zhuangzi: 2017, S. 148.

奥曼译本：

Einst träumte Zhuang Zhou, er sei ein Schmetterling, ein Schmetterling, der umherflatterte, mit sich selbst zufrieden, alle Wünsche erfüllt. Er wusste nichts von Zhou. Als er plötzlich erwachte, war er Zhou, der erschrocken umherblickte. Er wusste nicht, ob Zhou zuvor geträumt hatte, ein Schmetterling gewesen zu sein, oder ob der Schmetterling jetzt träumte, Zhou zu sein. Zwischen Zhou und dem Schmetterling musste es doch einen Unterschied geben. Das nenne ich den Wandel der Dinge.①

1. 通假字和叠词

《庄子》成书于战国中期，两千多年的历史变迁使得原文本部分用词和语法在现代汉语中已不存在或被替代。面对浓缩历史厚度的中华典籍，如果译者只从机械的字词对应角度入手，翻译工作将举步维艰。因此典籍翻译不能一味追求语言层面上的等值，还应充分考虑言语层面上的文化对等，唯有如此才能提高典籍外译的可读性，保证诸如《庄子》这样的优秀中华典籍在域外的成功传播与接受。而译者要想实现译文与原文的文化功能对等，了解原著语言形式及其在源语文化中发挥的功能是先决条件。

表1 "庄周梦蝶"中通假字和叠词的翻译

译者	通假字"喻"	叠词"栩栩"	叠词"蘧蘧"
布伯	ohne Sorge und Wunsch	hin und her flatternder	无对应词语
卫礼贤	sich wohl und glücklich fühlte	flatternder	无对应词语
舒马赫	glücklich	umherflatterte	无对应词语
顾彬	meinte	herumzufalttern	bestürzt
卡林科	glücklich mit sich selbst	lebhaft flatternder	Da ist Zhuang Zhou!
奥曼	alle Wünsche erfüllt	umherflatterte	erschrocken

① Zhuangzi: 2018, S. 49.

通假字是中国古代书籍的用字现象之一，它的本质是错字或别字。由于古代汉语字数贫乏，所以常借用发音相同的字表达不一样的意思。因此，年代越久的书籍中通假字出现的频率越高。《庄子》因成书较早，所以通假字出现的次数也较多。仅"庄周梦蝶"一文中，就出现了两处通假字，即"胡"（通"蝴"）和"喻"（通"愉"）。

第一个通假字"胡"通"蝴"并无歧义，六位译者翻译一致，需要比较的是第二个通假字"喻"的翻译。"喻"出自"庄周梦蝶"的第一句："昔者庄周梦为胡蝶，栩栩然胡蝶也，自喻适志与！不知周也。"所选六个译本中有五个译本都将"喻"理解为通假字，布伯、卫礼贤、舒马赫、卡林科和奥曼分别采用表达幸福愉悦的词语或词组进行了转换。这些用词均贴合原文，表达了庄子梦见自己变成蝴蝶之后的怡然自得之情。然而顾彬显然没有将"喻"当成通假字来处理，而是翻译为"meinte"（认为）。上述五个译本在"喻"字的处理方法上也不尽相同，这正体现了不同译者所处的社会历史语境的差异。但他们虽在翻译措辞上相互区分，却基本上能够准确无误地再现原文的文化意象，使译文与原文达到文化功能层面的对等。反之，顾彬在此处的用词选择并未将文化语境纳入翻译考量范围内，这种误解无疑会降低读者对庄子梦境里愉悦的感知，继而削弱后句"俄然觉，则蘧蘧然周也"中，庄子忽然从梦中醒来，喜悦尽失只余错愕的意境，因为正是从如此鲜明的对比中，才生发了庄子"有分"和"物化"的哲学思想。

叠词，顾名思义可理解为"词与词重叠起来用"，一般从外形上即可判断。据统计，在《庄子》中总计有126处叠词，这包括重复现象，但不计ABAB形叠词。在寓言"庄周梦蝶"中就有"栩栩"和"蘧蘧"两组叠词，且同为"AAB"形式，分别出现在"栩栩然胡蝶也"和"则蘧蘧然周也"两句里。古代诗文中常用叠词来表达所言之确切性、形象性和音乐性。"栩栩"和"蘧蘧"这两组叠词也主要发挥了上述功能，赋予庄子寓言式散文诗一般的美感。

在翻译"栩栩"时，六个译本不约而同地采用了相同的翻译策略，即选用动词"flattern"（翩翩飞舞，扑扑振翅）及其变形来表达蝴蝶的栩栩如生。在汉语与德语没有对等词类的情况下，这种词形转化恰当地表达出了原文生动可喜的意境，为译文读者呈现出一幅动态直观的语言图景，是成功的文化对等范例。在翻译"蘧蘧"时，六个译文中只有奥曼和顾彬分别用"erschrocken"（受惊的、惊吓的）和"bestürzt"（震惊的、惊愕的）直观地表达了庄子醒来后的诧异。卡林科以"Da ist Zhuang Zhou！"（那是庄周啊！）对应原文，在句中用感叹号传达了庄子的失落之情，虽不直接但仍有所体现。其他三位译者即布伯、卫礼贤和舒马赫对于"蘧蘧"所传递的语义都忽略不计，并没有给出对应翻译。不可否认，回避或删减原文中的叠词会削弱读者对寓言所要表达的哲学思想的深入理解，因为原文所渲染的情绪、营造的氛围并没有忠实体现在目的语语境中。

2. 叙述主体

《齐物论》作为《庄子·内篇》中最重要的一章，结构上首尾呼应。开篇庄子就提出"吾丧我"的命题。如果按照字面理解，"吾"就等同于"我"的意思。然而在庄子思想中，前者是真正的我，后者则是世间偏执的我。按照陈鼓应教授的解读，"'吾丧我'就是我摒弃了偏执的我，通过'丧我'达到了与万物一体的境界"[①]。由此可见，在《庄子》一书中，即便字面含义等同的人称主语之间尚且不能相互替代，因此译者对"庄周梦蝶"寓言里的叙述主体选择就关乎对其思想阐释的正确与否。

所选六个译本中出现了三种不同的主语翻译方式，即"Zhuang Zi"

[①] 陈鼓应：《庄子今注今译》，中华书局1998年版，第24页。

（庄子）、"Zhuang Zhou / Dschuang Dschou"（庄周）和"Ich"（我）。需要注意的是，"庄周梦蝶"全篇并未出现"吾"或"我"等此类具有明确指向性的主语。究其原因，这种省缺"我"的叙事方法可以理解为作者有意将自己与故事主人公拉开距离，以旁观者的姿态观察和传达道理。如果译者将庄周与"我"等量齐观加以翻译，就会赋予原文没有的主体性色彩，让目的语读者产生认识上的偏差，从而影响读者对寓言思想的深切领悟，无法达到译文与原文在文化功能上的对等。六位译者中布伯选用了多达10次"Ich"（我）作为译文主语，布伯的翻译方法明显流露出西方哲学强调主体性的传统，仍然坚信庄周本人是这个神秘故事中的"恒量"。但如果挖掘"庄周梦蝶"的深层内涵，人们不难看出，在这个浪漫迷人的蝴蝶梦中，"庄周"和"胡蝶"均不是固定不变的"恒量"。相反，他（它）们相互转换、互为主体。因此，选用"Ich"作为第一人称翻译并不能传达出原文的哲学意味，且从故事开端就与"庄周梦蝶"的核心思想——"物化"相背离。顾彬选用了"庄子"作为主语进行叙述，这一译法也无可厚非，因为庄周是庄子的本名，而庄子是后世对他的尊称。卫礼贤（一处除外）、舒马赫、卡林科和奥曼四位译者都选择以第三人称"庄周"作为故事的叙述主体。除布伯选用的"Ich"（我）之外，其余两种翻译方法皆忠实于原文，在形式和内涵上均能够实现功能的对等传递。

3. 哲学概念

与借助于对话直接阐明道理的儒家学说大相径庭，《庄子》常常通过恣意的语言、奇特的想象和诗意的浪漫阐发哲思。在"庄周梦蝶"中就包含了"有分"和"物化"两个重要的哲学命题。译者需要在翻译过程中恰当地传达出原著的深刻内涵，使其在译文中能够传递相同的文化功能。

表 2 "庄周梦蝶"中哲学概念的翻译

译者	有分	物化
布伯	eine Schranke	Wandlung
卫礼贤	sicher ein Unterschied ist	der Wandlung der Dinge
舒马赫	einen Unterschied geben	Transformation der Dinge
顾彬	einen Unterschied geben	den Wandel der Dinge
卡林科	einen Unterschied geben	sich die Lebewesen wandeln
奥曼	einen Unterschied geben	den Wandel der Dinge

首先，对于"有分"的翻译，除去布伯之外，其他译者都采用了"Unterschied"（区别、不同），着重表达人物、物体之间的明显差别。"Unterschied"在德语中意为"与其他人、物不一致，有界线"，与原文要表达的意思相近，因此此种译法较为恰当。布伯选用的"Schranke"仅有"界线，边界"的意思，只单一强调物体之间的距离感，并未突出其根本性质上的不同。

其次，在翻译"物化"时，需要将两个字拆开来逐一分析。"物"在此指世间万物。在庄子的观念中，世间万物包括的不仅仅是有生命之物，而且还包括天地间的一切。因此，德语中的"Dinge"（物）与之对应恰当，卡林科所用的"Lebewesen"（生物）则缩小了"物"的边界，与庄子思想不甚相符。布伯对"物"直接省译，其他译者均选用"Dinge"（物）一词。"化"在道家思想中常被理解为"变化"，实则是"转化"的含义。通读"庄周梦蝶"一文时，我们不难察觉前三句散发出的浪漫的美感，但是从"周与胡蝶，则必有分矣"开始回归现实，此句正是庄子站在现实的角度有感而发。紧接着行文在"此之谓物化"处发生了视角切换，从现实视角转向了"道"的视角。从"道"的立场出发，世间万物之间皆可以转换，且这种转换具有双向性。在六个译本中，"化"出现了两种表达方法，即"wandeln"（转变、变化）

或"Transformation"（转化、变化）。"wandeln"又生成"Wandlung / Wandel / sich wandeln"三种词形变化，其中动词强调变化的过程，名词强调变化的结果，其作为汉语"化"的对应解释都可以达到功能上的对等。六个译本中只有舒马赫将"化"翻译为"Transformation"。舒马赫的全译本是由当代英译本转译而成，因此舒马赫在译文用词上追求现代风格，故而在此处采用了外来词"Transformation"的译法。但"Transformation"这个词在德语中更偏向于"变化、变换、变形"的意思，常指在外力推动下突然发生的猛烈的变化。然而庄子强调的"物化"更应该被理解为自然界生生不息的规律，是最普遍最悄无声息的变化。由此看来，用"wandeln"及其变化形式对应"化"，能够使译文更加贴近原文风格，从而最大限度地保证目的语文本之于源语文本的文化功能对等。

《庄子》作为古代道家思想的结晶，不仅是中国朴素哲学的滥觞，更承载着丰富的中华文化意象，是中国文化走出去的译介重点之一。"庄周梦蝶"以其语言艺术性和哲学思辨性也成为世人不断重译、解读的名篇之一。无论是对通假字的翻译、叠词的处理，还是在叙述主体的选择和哲学概念的解读上，所选六篇德语译文既表现出共性，也具有差异性。在探讨典籍文本外译时，我们要充分考虑到文化符号意义的变迁和源语文本的文化内涵。翻译作品还要符合目的语的表达习惯和语用规约，从而达到交际和美学效果。虽然译文不可能与原文在字词、语句、文化层面完全等同，但译者要尽可能地以自身的创造性和恰当的翻译决策传送原文的文化信息，如此，经典文本的生命力才会源远流长，永恒致远。

结束语

20世纪下半叶，西方翻译学界开始摆脱只注重词语篇章、文体风格和翻译方法的研究，研究重点逐渐向文化层面过渡。翻译文化是将翻译策略的选择、翻译范式的应用、翻译过程的动态阐释、翻译批评的演进依据等维度均纳入文化范畴加以考量的跨学科研究模式。笔者认为，翻译文化理念可以从翻译的文化内容、文化行为和文化理论三个方面来解释：一是源语文本和目的语文本在文化功能上的对等；二是行为导向下的翻译过程自身内在的文化构建功能；三是从文化语境和文化系统对翻译理论进行提炼和反思。以文化为导向的翻译研究不仅对参与翻译过程的所有文化因素进行探讨，还将翻译行为整体作为文化加以审视。

翻译文化视域下的典籍译介不是一般意义上的翻译过程，而是深刻和持久的跨文化过程。西方世界从16世纪开始接触道家思想，自此历代传教士、外交使节和汉学家对道教及其代表作品的翻译与传播从未中断过。"二战"后西方研究者和普通读者对道家学说的兴趣不断提升，掀起了道学域外译介、传播的新高潮。进入21世纪以来，道教这一古老的东方思想对于西方仍具现实的影响力。可以说，道家思想元素已成为西方非基督教文化固定的组成部分，道家的核心概念之一"道"以"正道""原则""宇宙初始原则"等翻译话语早已进入德语区文化视域。道家文化的域外接受一方面要有道家经典作品和相关文献的翻译与传播为先导；另一方面要有体现为专业研究者和普通读者的受众，他们将道教的异质性文化元素从中国历史语境中剥离出来，继而在欧洲文化框架下赋予其新的意义和功能。一般说来，西方对道家的接受主要出于两种动机：一是补偿动机，意即受众感受到与自我文化的疏远，因而尝试通过吸收道家元素改变自己与本族文化的异化现象；二是拓展动机，因为自身社会文化框架只认可数量有限的社交行为方式，故而受众尝试借助接受异域文化来克服自我文化的褊狭。从 16 世纪天主教耶稣会和 19 世纪基督教新教传教士的引介，到 20 世纪上半叶德国知识文化界对道家思想的推举，再到起自 20 世纪 70 年代新时代社会与宗教运动对道家思想的变异性接受，道家思想在西方世界的接纳经历了与社会文化语境相互动的变化过程，道家文化也从上层精英的哲学认识视野走向了普罗大众的生活实践领域。

翻译不仅是跨语言的活动，也是跨文化的活动，翻译文化的多元特质使得文化交融成为有效的生存之道，每一部作品的译介都是不同文化之间的交流与对话。中国文化典籍有着不同于现代文本的特殊性，承载了大量的中国传统文化思想。本书采用翻译文化的视角，对百年来《庄子》在德国的六部代表性译本做了历时和共时的考察，梳理不同译本对先秦时期历史和哲学背景的回溯、对道家人物及其著作观点的分析、对文本主题和庄子思想的评价。各位译者围绕《庄子》的哲学思想和文体色彩，在成书背景、行文结构、哲学命题、寓言叙事和效果历史等方面进行了点评。可以看到随着时间的推移，各个译本表现出一定的连贯性，显示出发展和深化的轨迹，这说明德语世界对于《庄子》的理解和阐释正在走向多元化、成熟化。

各具特色的典籍译本在中德文化互识中发挥了重要作用，对中国文化思想有着积极的推广意义。译本本身即是隐性的学术研究方式，其一旦形成，就会为之后的文本复译打下基础，为德语读者对该文本的接受与研究提供一手资料，也必然会影响典籍文本在目的语文化中的进一步传播。本书从译本选篇和结构、译者翻译目的与翻译决策等方面对《庄子》六部代表性德译本进行了翻译文化视域下的深度描写研究。

宗教哲学家马丁·布伯的《庄子》译本让德语读者第一次走进了庄子的世界，译文后记里的道家哲学也被布伯融入更为广阔的哲学语境里。在20世纪早期西方现代性危机的背景下，布伯对中国道家经典意象和观念的选择性吸收促成了一场中国古典哲学和现代德国哲学跨越时空的对话。汉学家卫礼贤从德国和欧洲的文化遗产中选择相应的概念来阐发中国古典哲学的道德和智慧，构建了基督教文化话语体系及神学概念系统与中国文化专有项及道家智慧之间的互文关系。如果说布伯译本构成了道家思想在西方译介和传播的转折点，那么卫礼贤译本则是为道家思想在西方的传播与接受扫清了障碍，是迄今为止发挥了最大影响力的《庄子》德译本。

德语区的第一个全译本是东方学学者舒马赫的英语转译本。译者在译文形态中着重突出了《庄子》的诗学艺术魅力，而非哲学散文说理。译者尝试通过新的语言表达追求译文的精确性，以期还原庄子精神的本来面貌，带给德语读者更多的文学审美体验。这充分说明，当代《庄子》译介已经走出了卫礼贤译本近一个世纪的固化认识，尝试丰富《庄子》在德的译介模式。21世纪的德语区出现了几本以节译为基础的《庄子》读本，并表现出新的发展趋势，即译者脱离前人固有的解读模式，将文本翻译和文本评论相结合，力图从新的视角阐释庄子思想。汉学家顾彬的《庄子》译本即是其中之一。顾彬在翻译文本的同时，还从比较哲学的高度批判性地重释庄子思想，以此促成中国哲学和西方哲学的互动与对话。这不仅给德语读者以深刻的启发，也扩大了中国道家哲学的国际影响力。

汉学家卡林科的《庄子》译本是一部集评述和翻译于一身的综合译本。卡林科秉承文从字顺的直译原则，按照"汉语拼音—词语对照翻译—段落翻译—译后评点"的排列方式,依循原书结构逐节译出。译者还结合英德译本及注释还有中文的庄子文献,进行原文释义和翻译比较,引用严谨,内容翔实。卡林科的全译本可谓雅俗共赏、丰富全面,不同层次的受众都会从中收获不一样的阅读体验。东方学学者奥曼的《庄子内篇》译本是目前已知的最新德译本。奥曼在翻译时参考了《庄子》经典注本内容和 20 世纪日本学者的庄学研究成果,有助于德语读者开阔视野,进行跨文化比较。就翻译策略而言,奥曼尝试使译文精确贴近原文,采用了异化翻译策略,尽可能再现原作的文体特征和语言图景。

  无论是旁征博引的综合性译本,还是突出某一特色的个性化译本,都是译者在理解文本基础上的自觉选择。翻译必然受到历史文化语境的制约,文化本身的多元性和差异性使得翻译活动在跨文化交际过程中并不可能一帆风顺。译者须意识到自己作为语言传送者和文化传播者的主体角色,在文本时代框架、文本选取原则、文本建构要素、文本翻译策略等方面具备充分的文化能力,所产出的译文不仅能够再现源语文化的精神风貌,也能考虑到目的语的语用规约和受众的预期视域,从而达到跨文化传播的效果。

主要参考文献

1. Albrecht, Jörn : Das Verhältnis von Sprachwissenschaft und Übersetzungsforschung. In : Jörn Albrecht, Hans-Martin Gauger (Hg.) : *Sprachvergleich und Übersetzungsvergleich. Leistung und Grenzen, Unterschiede und Gemeinsamkeiten.* Frankfurt am Main u.a. 2001.
2. Albrecht, Jörn : *Literarische Übersetzung. Geschichte, Theorie, kulturelle Wirkung.* Darmstadt 1998.
3. Bachmann-Medick, Doris : *Cultural Turns. Neuorientierungen in den Kulturwissenschaften.* Hamburg 2006.
4. Bauer, Wolfgang : *Geschichte der chinesischen Philosophie.* München 2009.
5. Billeter, Jean François : *Das Wirken in den Dingen. Vier Vorlesungen über das Zhuangzi.* Berlin 2015.
6. Böchinger, Christoph : *New Age und moderne Religion. Religionswissenschaftliche Analysen.* Gütersloh 1994.
7. Buber, Martin : China und wir. In : Irene Eber (Hg.) : *Martin Buber Werkausgabe 2.3 Schriften zur chinesischen Philosophie und Literatur.* München 2013.
8. Collani, Claudia von: Daoismus und Fugurismus : Zur Inkulturation des Christentums in China. In : Adrian Hisa (Hg.) : *TAO. Reception in East and West.* Bern u. a. 1994.
9. Dschuang Dsï : *Das wahre Buch vom südlichen Blütenland. Nan Hua Dschen Ging.* Aus dem Chinesischen verdeutscht und erläutert von Richard Wilhelm. Jena 1912.
10. Eber, Irene : Einleitung. In : Irene Eber (Hg.) : *Martin Buber Werkausgabe 2.3 Schriften zur chinesischen Philosophie und Literatur.* München 2013.
11. Eco, Umberto : *Einführung in die Semiotik.* München 1972.
12. Ess, Hans van : Vorwort zu *Die Lehren des Konfuzius.* Frankfurt 2009.
13. Friedmann, Maurice : *Martin Buber's Life and Work.* Detroit 1988.
14. Gadamer, Hans-Georg : *Wahrheit und Methode. Grundzüge einer philosophischen*

Hermeneutik. Tübingen 1965.

15. Göhring, Heinz : Interkulturelle Kommunikation. Anregungen für Sprach- und Kulturmittler. In : Andreas F. Kelletat und Holger Siever (Hg.) : *Studien zur Translation, Bd.13.* Tübingen 2002.

16. Grasmücke, Oliver : *Geschichte und Akktualität der Daoismusrezeption im deutschsprachigen Raum.* Münster 2004.

17. Grube, Wilhelm : *Geschichte der chinesischen Literatur.* Leipzig 1902.

18. Horn-Helf, Brigitte : *Technisches Übersetzen in Theorie und Praxis.* Tübingen 1999.

19. Humboldt, Wilhelm von : Einleitung zu Aeschylos Agamemnon metrisch übersetzt. In : Störig (Hg.) : *Das Problem des Übersetzens.* Darmstadt 1963.

20. Jungermann, Helmut/Pfister, Hans-Rüdiger/Fischer, Katrin : *Die Psychologie der Entscheidung. Eine Einführung.* München 2005.

21. Kalinke, Viktor : *Zhuangzi. Der Gesamttext.* Aus dem Chinesischen von Viktor Kalinke. Leipzig 2017.

22. Levý, Jiří : *Die literarische Übersetzung. Theorie einer Kunstgattung.* Frankfurt am Main/Bonn 1969.

23. Linse, Ulrich : Asien als Alternative ? Die Alternativkultur der Weimarer Zeit : Reform des Lebens durch Rückwendung zur asiatischen Religiosität. In : Hans G. Kippenberg, Brigitte Luchesi (Hg.) : *Religionswissenschaft und Kulturkritik. Beiträge zur Konferenz The History of Religions and Critique of Culture in the Days of Gerardus van de Leeuw* (1890-1950). Marburg 1991.

24. Loogus, Terje : *Kultur im Spannungsfeld translatorischer Entscheidungen. Probleme und Konflikte.* Berlin 2008.

25. Möller, Hans-Georg : *In der Mitte des Kreises.* Berlin 2010.

26. Nord, Christiane : *Einführung in das funktionale Übersetzen. Am Beispiel von Titeln und Überschriften.* Tübingen/Basel 1993.

27. Nord, Christiane : Translationsqualität aus funktionaler Sicht. In : Larisa Schippel (Hg.) : *Übersetzungsqualität : Kritik-Kriterien-Bewertungshandeln.* Berlin 2006.

28. Nord, Christiane : Übersetzen - Spagat zwischen den Kulturen ? In : TexTconTexT 11 = NF1. 1997.

29. Paepcke, Fritz : *Im Übersetzen leben. Übersetzen und Textvergleich.* Tübingen : Narr 1986.

30. Pfohl, Hans-Christian/Günther E, Braun : *Entscheidungstheorie. Normative und*

deskriptive Grundlagen des Entscheidens. Landsberg 1981.

31. Prunč, Erich: *Einführung in die Translationswissenschaft*. Band 1: Orientierungsrahmen. Graz 2001.

32. Schleiermacher, Friedrich: Über die verschiedenen Methoden des Übersetzens. In: G. Reimer (Hg.): *Friedrich Schleiermachers sämtliche Werke*. Dritte Abteilung. Zur Philosophie, 2. Bd. Berlin 1828.

33. Schuster, Ingrid: *China und Japan in der deutschen Literatur 1890–1925*. Bern 1977.

34. Siever, Holger: *Kommunikation und Verstehen. Der Fall Jenninger als Beispiel einer semiotischen Kommunikationsanalyse*. Frankfurt 2001.

35. Stein, Dieter: *Theoretische Grundlagen der Übersetzungswissenschaft*. Tübingen 1980.

36. Vermeer, Hans J.: *Skopos und Translationsauftrag*. Heidelberg 1989.

37. Walravens, Hartmut: *Zur Geschichte der Ostasienwissenschaften in Europa: Abel Rémusat (1788-1832) und das Umfeld Julius Klaproths (1783-1835)*. Wiesbaden 1999.

38. Weber, Max: *Gesammelte Aufsätze zur Religionssoziologie I*. Tübingen 1988 (Erstauflage 1920).

39. Wilss, Wolfram: *Kognition und Übersetzen. Zu Theorie und Praxis der menschlichen und der maschinellen Übersetzung*. Tübingen 1988.

40. Wirth, Uwe: Zwischen Zeichen und Hypothese: Für eine abduktive Wende in der Sprachphilosophie. In: U. Wirth (Hg.): *Die Welt als Zeichen und Hypothese. Perspektiven des semiotischen Pragmatismus von Charles S. Peirce*. Frankfurt 2000.

41. Ye, Fang-Xian: *China-Rezeption bei Hermann Hesse und Bertolt Brecht*. University of California, Irvine, Dissertation 1994.

42. Zhuangzi: *Das Buch der Spontaneität. Über den Nutzen der Nutzlosigkeit und die Kultur der Langsamkeit*. Aus dem Chinesischen ins Englische von Victor H. Mair, aus dem Englischen ins Deutsche von Stephan Schuhmacher. Augsburg 2008.

43. Zhuangzi: *Das Buch Zhuangzi-Die Inneren Kapitel*. Übersetzt und kommentiert von Oliver Aumann. Freiburg/ München 2018.

44. Zhuangzi: *Das klassische Buch daoistischer Weisheit*. Aus dem Chinesischen ins Englische von Victor H. Mair, aus dem Englischen ins Deutsche von Stephan Schuhmacher. Frankfurt am Main 1998.

45. Zhuangzi: *Der Gesamttext und Materialien.* Aus dem Chinesischen übertragen und kommentiert von Viktor Kalinke. Leipzig 2017.

46. Zhuangzi: *Mit den passenden Schuhen vergißt man die Füße. Ein Zhuangzi-Lesebuch.* Herausgegeben von Henrik Jäger. Zürich 2009.

47. Zhuangzi: *Nan hua jing.* Translation and Introduction by Hyun Höchsmann & Yang Guorong. New York 2007.

48. Zhuangzi: *Vom Nichtwissen.* Ausgewählt, übersetzt und kommentiert von Wolfang Kubin. Freiburg 2013.

49. Zhuangzi (Chuang-tse): *Die Welt.* Chinesisch und Deutsch. Herausgegeben von Karl Albert & Hua Xue. Dettelbach 1996 [enthält Kapitel 33 des Zhuangzi].

50. Zhuangzi (Tschuang Tse): *Reden und Gleichnisse des Tschuang Tse.* Deutsche Auswahl von Martin Buber. Zürich 1951.

51. [英] 爱德华·泰勒：《原始文化》，连树声译，南宁：广西师范大学出版社，2005年。

52. [德] 卜松山：《时代精神的玩偶——对西方接受道家思想的评述》，《哲学研究》，1998年第7期。

53. 蔡平：《"文化翻译"的困惑》，《外语教学》，2005年第6期。

54. 曹迎春：《文化翻译视域下的译者风格研究——〈牡丹亭〉英译个案研究》，上海：上海交通大学出版社，2017年。

55. 陈鼓应：《庄子今注今译》，上海：中华书局，1998年。

56. 大中华文库：《庄子（汉德对照）》秦旭卿，孙雍长今译，[德] 舒马赫德译，长沙：岳麓书社，2011年。

57. [美] 奈尔林：《科技和道：布柏、海德格尔和道家》，曲红梅译，《长白学刊》，2014年第1期。

58. 丰卫平：《德国表现主义文学与老庄哲学——试论文化交流中的本位文化心理》，《四川外国语学院学报》，2002年第2期。

59. 顾彬：《翻译好比摆渡》，王哲祖译，《中西诗歌翻译百年论集》，上海：上海外语教育出版社，2007年。

60. 郭建中：《当代美国翻译理论》，武汉：湖北教育出版社，2000年。

61. 郭建中：《翻译中的文化因素：异化与归化》，《外国语》，1998年第2期。

62. [德] 赫尔曼·黑塞：《黑塞之中国》，米谢尔斯编选，谢莹莹译，北京：人民文学出版社，2011年。

63. [德] 赫尔曼·凯泽林：《另眼看共和——一个德国哲学家的中国日志》，刘姝、秦俊峰译，福州：福建教育出版社，2015年。

64. ［德］伽达默尔：《真理与方法》，洪汉鼎译，上海：上海译文出版社，2004年。

65. 蒋锐：《东方之光：卫礼贤论中国文化》，蒋锐译，北京：外语教学与研究出版社，2007年。

66. ［意］利玛窦、［比］金尼阁：《利玛窦中国札记》上册，何高济、王遵仲、李申译，北京：中华书局，2010年。

67. ［瑞士］卡尔·荣格：纪念理查·威廉，《心理学与文学》，冯川、苏克译，南京：译林出版社，2014年。

68. ［德］卡尔·雅斯贝尔斯：《大哲学家》，李雪涛等译，北京：社会科学文献出版社，2005年。

69. 李雪涛：《与顾彬对谈翻译与汉学研究》，《中国翻译》，2014年第2期。

70. 廖七一：《文化典籍的外译与接受语境》，《东方翻译》，2012年第4期。

71. ［德］罗梅君：《汉学界的论争：魏玛共和国时期卫礼贤的文化批评立场和学术地位》，《东西方之间：中外学者论卫礼贤》，孙立新、蒋锐主编，济南：山东大学出版社，2004年。

72. 罗炜：《德布林和庄子》，《同济大学学报》（社会科学版），2016年第12期。

73. 刘宓庆：《翻译文化论纲》，北京：中译出版社，2019年。

74. 刘燕：《中国哲学与文学的阐释、翻译与交流之汉学路径——德国汉学家顾彬教授访谈》，《北京第二外国语学院学报》，2018年第1期。

75. ［德］马丁·布伯：《道教》，《德国思想家论中国》，夏瑞春编，陈爱政等译，南京：江苏人民出版社，1997年。

76. ［德］马丁·布伯：《我与你》，陈维刚译，北京：生活·读书·新知三联书店，2002年。

77. 苏轼：《苏轼全集》（全三册）（中），傅成、穆俦标点，上海：上海古籍出版社，2000年。

78. 孙艺风：《文化翻译》，北京：北京大学出版社，2016年。

79. 田德蓓：《论译者的身份》，《中国翻译》，2000年第6期。

80. 王克非：《翻译文化论》，上海：上海外语教育出版社，1997年。

81. 王宁：《翻译的文化建构和文化研究的翻译学转向》，《中国翻译》，2005年第6期。

82. 王佐良：《翻译中的文化比较》，载郭建忠《文化与翻译》，北京：中国对外翻译出版公司，2000年。

83. 王佐良：《新时期的翻译观》，载杨自俭等《翻译新论》，武汉：湖北教育出版社，1994 年。

84. ［德］威廉·许勒：《卫礼贤的科学著作》，载《东西方之间：中外学者论卫礼贤》，孙立新、蒋锐主编，济南：山东大学出版社，2004 年。
85. ［德］韦伯：《儒教与道教》（最新修订版），王荣芬译，北京：中央编译出版社，2012 年。
86. 卫茂平：《中国对德国文学影响史述》，上海：上海外语教育出版社，1996 年。
87. 许钧：《翻译研究与翻译文化观》，《南京大学学报》，2002 年第 3 期。
88. 杨仕章：《文化翻译机制研究》，《中国俄语教学》，2019 年第 1 期。
89. 杨仕章：《文化翻译界说》，《外语教学理论与实践》，2016 年第 1 期。
90. 杨武能：《卫礼贤——伟大的德意志中国人》，《人民日报》，1990 年 2 月 22 日。
91. 俞佳乐、许钧：《翻译的文化社会学观——兼评〈翻译文化史论〉》，《中国翻译》，2004 年第 1 期。
92. 曾文雄：《"文化转向"的核心问题与出路》，《外语学刊》，2006 年第 2 期。
93. 张思永：《论翻译文化研究的三种类型及其文化转向》，《燕山大学学报》，2018 年第 5 期。
94. 张西平：《中国与欧洲早期宗教和哲学交流史》，北京：东方出版社，2001 年。
95. 赵彦春：《翻译学归结论》，上海：上海外语教育出版社，2005 年。
96. 郑天星：《德国汉学中的道教研究》，《中国道教》，1999 年第 3 期。
97. 庄周：《庄子》，孙通海译注，北京：中华书局出版社，2016 年。